REVENU PASSIF.

REVENU PASSIF

Série " La richesse pour la nouvelle année"
Par : D.K. Hawkins
Version 1.1 ~décembre 2021
Publié par D.K. Hawkins sur KDP
Copyright ©2021 par D.K. Hawkins. Tous droits réservés.

Aucune partie de cette publication ne peut être reproduite, distribuée ou transmise sous quelque forme ou par quelque moyen que ce soit, y compris la photocopie, l'enregistrement ou d'autres méthodes électroniques ou mécaniques, ou par tout système de stockage ou de récupération de l'information, sans l'autorisation écrite préalable des éditeurs, sauf dans le cas de très brèves citations incorporées dans des critiques et certaines autres utilisations non commerciales autorisées par la loi sur le droit d'auteur.

Tous droits réservés, y compris le droit de reproduction totale ou partielle sous quelque forme que ce soit.

Toutes les informations contenues dans ce livre ont été soigneusement recherchées et vérifiées quant à leur exactitude factuelle. Toutefois, l'auteur et l'éditeur ne garantissent pas, de manière expresse ou implicite, que les informations contenues dans ce livre conviennent à chaque individu, situation ou objectif et n'assument aucune responsabilité en cas d'erreurs ou d'omissions.

Le lecteur assume le risque et l'entière responsabilité de toutes ses actions. L'auteur ne sera pas tenu responsable de toute perte ou dommage, qu'il soit consécutif, accidentel, spécial ou autre, pouvant résulter des informations présentées dans ce livre.

Toutes les images sont libres d'utilisation ou achetées sur des sites de photos de stock ou libres de droits pour une utilisation commerciale. Pour ce livre, je me suis appuyé sur mes propres observations ainsi que sur de nombreuses sources différentes, et j'ai fait de mon mieux pour vérifier les faits et accorder le crédit qui leur est dû. Dans le cas où du matériel serait utilisé sans autorisation, veuillez me contacter afin que l'oubli soit corrigé.

Les informations fournies dans ce livre le sont à titre informatif uniquement et ne sont pas destinées à être une source de conseils ou d'analyse de crédit en ce qui concerne le matériel présenté. Les informations et/ou documents contenus dans ce livre ne constituent pas des conseils juridiques ou financiers et ne doivent jamais être utilisés sans avoir consulté au préalable un professionnel de la finance afin de déterminer ce qui convient le mieux à vos besoins individuels.

L'éditeur et l'auteur ne donnent aucune garantie ou autre promesse quant aux résultats qui peuvent être obtenus en utilisant le contenu de ce livre. Vous ne devez jamais prendre de décision d'investissement sans consulter au préalable votre propre conseiller financier et sans effectuer vos propres recherches et diligences. Dans toute la mesure permise par la loi, l'éditeur et l'auteur déclinent toute responsabilité dans le cas où les informations, commentaires, analyses, opinions, conseils et/ou recommandations contenus dans ce livre s'avéreraient inexacts, incomplets ou peu fiables ou entraîneraient des pertes d'investissement ou autres.

Le contenu de ce livre n'est pas destiné à et ne constitue pas un conseil juridique ou un conseil en investissement, et aucune relation avocat-client n'est établie. L'éditeur et l'auteur fournissent ce livre et son contenu sur une base "telle quelle". Vous utilisez les informations contenues dans ce livre à vos propres risques.

Contenu

Introduction: 6
Chapitre no.1 7
Introduction aux revenus passifs. 7
Différentes façons de créer des revenus passifs. 8
Comprendre les revenus passifs. 11
Chapitre no.2 16
Idées de revenus passifs pour gagner de l'argent. 16
Stratégies pour un revenu passif. 16
15 des stratégies de revenus passifs pour aider à constituer un patrimoine. 19
Chapitre no.3 40
Les idées de revenus passifs qui vous rendront riche. 40
Exemples de ce que sont les revenus passifs: 43
Méthodes de revenus passifs pour vous aider à devenir riche. 47
Chapitre no.4 65
Investissements à revenus passifs. 65
Chapitre no.5 69
Créer des revenus passifs sans argent. 69
Revenus passifs sans argent? 69
Chapitre no.6 78
Les meilleures applications de revenus passifs. 78
Applications pour les téléphones iOS et Android. ... 79
Applications de remboursement. 79

Applications d'études de marché..82

Applications de collecte de données...83

Applications d'investissement...85

Des applications pour smartphones qui paient.....................86

Chapitre no.7..89

Comment les revenus passifs sont-ils imposés?.....................89

Les revenus passifs sont-ils imposables?................................90

Conclusion:..95

Introduction:

Les revenus passifs sont les gains qui résultent des biens locatifs, des sociétés en commandite ou de toute autre activité dans laquelle une personne n'est pas activement engagée. Comme le revenu passif, il est généralement déductible des impôts. Toutefois, l'IRS n'est pas toujours d'accord. Le revenu passif est le revenu tiré d'immeubles locatifs ou de sociétés en commandite ou de tout autre type d'entreprise dans laquelle la personne n'est pas activement engagée. Ils déterminent si une personne a été activement engagée dans la location, l'entreprise ou toute autre activité générant des revenus. Un contribuable peut réclamer des pertes passives à partir des revenus tirés d'activités non productives. Ce livre est consacré aux revenus passifs. Si vous voulez en savoir plus sur les revenus passifs et comment gagner de l'argent de manière passive, vous êtes au bon endroit.

Chapitre no.1

Introduction aux revenus passifs.

Le revenu passif désigne toute somme gagnée d'une manière qui ne demande pas trop d'efforts. De nombreuses stratégies génératrices de revenus passifs demandent beaucoup d'efforts, au début, comme la création d'un blog en ligne ou la location d'un bien immobilier, puis, au final, elles permettent de gagner de l'argent même lorsque le propriétaire dort. Le revenu personnel est de loin l'outil de création de richesse le plus puissant, et il requiert la participation active d'un individu. Par conséquent, même si une personne est employée à temps plein, elle appréciera probablement un revenu supplémentaire sans travailler pour cela. Faire un plan pour gagner un revenu passif présente de nombreux avantages. Grâce à ce revenu supplémentaire, on peut augmenter la base du patrimoine pour prendre une retraite anticipée. En outre, les revenus passifs peuvent constituer un plan d'urgence si l'individu perd son emploi. Il constitue également un plan de secours pour la retraite si un retraité perd les avantages d'un plan de pension. Ce n'est pas une garantie de devenir riche en peu de temps. Ainsi, il n'est pas sage de penser à devenir riche rapidement. En revanche, des sources de revenus passifs cohérentes et lucratives peuvent permettre à un individu d'accumuler de l'argent sur une longue période. Selon les revenus disponibles, cela peut aller de quelques milliers de dollars à plusieurs centaines de dollars.

Différentes façons de créer des revenus passifs.

Il existe de nombreuses méthodes pour gagner un revenu passif. Voici quelques-unes d'entre elles:

1. Investir.

Lorsque les gens parlent d'un flux de revenu passif, beaucoup pensent à un investissement qui donne de bons résultats rapidement et avec un minimum d'efforts. Mais il est important de noter que les plans de retraite et les revenus passifs ne sont pas identiques. La raison pour laquelle on fait des investissements est de s'assurer d'avoir une source de revenus au moment de la retraite. L'argent dans un plan d'investissement pour la retraite si la sélection actuelle des fonds est conforme. Ainsi, une personne peut élaborer un plan de retraite bien planifié, même s'il peut y avoir des frais d'impôt ou de pénalité pour les retraits effectués avant la date d'échéance.

2. Immobilier.

Une méthode pratique pour gagner un revenu passif une fois que toutes les dettes ont été payées et que vous avez de l'argent supplémentaire est d'examiner la possibilité d'un investissement immobilier pour le louer. Avant d'acheter une propriété, vous devez effacer toute hypothèque puis acheter la propriété en utilisant des liquidités. Il est inutile d'utiliser des dettes pour payer l'achat d'une maison. Les choses se compliquent lorsqu'il y a une obligation de rembourser une hypothèque, mais qu'un prêt a été utilisé pour acheter une propriété. Il est également judicieux d'acquérir un bien proche de la propriété afin que le propriétaire puisse s'en occuper correctement. Cela signifie qu'il faut s'adresser à un professionnel qui connaît l'emplacement du bien du propriétaire pour s'assurer que le bien attirera des locataires. Un bien locatif peut être une excellente source de revenus, mais c'est aussi l'une des rares sources de revenus car il faut du temps et des efforts pour le maintenir en bon état. Ainsi, toute personne qui choisit de louer un bien est responsable de ce dernier à tout moment.

Espace publicitaire pour les médias numériques.

La vente de publicités sur Internet est une excellente méthode pour gagner un revenu passif pour ceux qui ont des idées uniques et de nombreux spectateurs. Une chaîne YouTube ou un blog peuvent attirer un énorme trafic en ligne qui peut éventuellement être monétisé. Si le contenu est passionnant et attire une abondance de visiteurs chaque jour, la vente de publicités sur le blog est un moyen idéal de gagner de l'argent. Une fois qu'une personne a mis les choses en mode "levée de fonds", elle peut faire une pause et voir le revenu augmenter.

Produits numériques.

S'il existe une méthode astucieuse pour créer du contenu, elle pourrait générer du trafic pour n'importe quelle publicité. Tout ce dont vous avez besoin, c'est d'un produit que les personnes qui le consultent achèteront. Il s'agit généralement d'un ebook ou d'une application qui permet de gagner de l'argent pendant une période prolongée.

Magasin pour stocker les biens des gens.

La majorité des gens détiennent divers objets chez eux et sont toujours à la recherche de moyens de les conserver. Il n'y a pas beaucoup plus agréable que d'être payé pour prendre soin d'objets appartenant à d'autres personnes. Mais gagner un revenu en stockant des objets pour des particuliers nécessite un investissement initial important dans l'acquisition d'une structure de stockage appropriée. Il existe une option plus simple, comme la location d'un hangar ou d'un sous-sol de stockage. Il est essentiel de s'assurer que les objets à stocker sont en sécurité tous les jours.

Location d'équipements fonctionnels.

Certains d'entre eux ont des articles disponibles qui ne sont plus utilisés et que d'autres peuvent emprunter et utiliser. Il s'agit notamment de camions, de petits bateaux et même de cours. Ces objets peuvent être loués au prix de quelques dollars et constituent une excellente méthode pour gagner un revenu passif. Une maison qui n'est pas utilisée est louée sur des plateformes telles que Airbnb. Le processus est simple. Il faut une photo des objets proposés, un prix et une annonce accrocheuse pour convaincre les gens d'essayer le service. Si vous essayez de trouver des idées qui fonctionnent dans la situation actuelle, recherchez des concepts qui ont fait leurs preuves au fil du temps. Cherchez à savoir si d'autres personnes ont bénéficié de ce concept.

Comprendre les revenus passifs.

Il existe trois principaux types de revenus, dont les revenus passifs et le portefeuille. Les revenus stagnants proviennent d'immeubles locatifs, de sociétés en commandite ou d'autres entreprises dans lesquelles la personne n'est pas activement engagée, comme un investisseur non impliqué, par exemple. Les personnes qui font la promotion des revenus passifs ont tendance à encourager le mode de vie "work from home", "be-your own-boss" et "home". 1 Le revenu passif est un terme largement utilisé ces derniers temps. Il a été employé pour décrire l'argent gagné de manière constante avec un minimum ou aucun effort de la part de la personne qui le reçoit. Lorsqu'il est utilisé de manière formelle, le revenu passif est défini par l'IRS comme un "revenu locatif net" ou un "revenu provenant d'une entreprise à laquelle le contribuable ne participe pas matériellement" et, dans certains cas, il peut également comprendre des intérêts autogénérés. Les analystes confiants considèrent les revenus passifs du portefeuille, ce qui signifie que les dividendes et les intérêts sont classés comme inactifs. Pourtant, l'IRS ne considère pas toujours que les revenus des portefeuilles sont passifs ; il est donc conseillé de consulter un conseiller fiscal expert sur cette question.

Types de revenus passifs.

Parmi les exemples de revenus passifs figurent les biens locatifs, les intérêts autogérés et les sociétés dans lesquelles la personne qui reçoit le paiement n'est pas impliquée de quelque manière que ce soit. Des directives spécifiques de l'IRS doivent être respectées pour que le revenu soit classé comme passif.

Les intérêts qui sont imputés au self.

Si de l'argent est prêté à une société de personnes ou à une société S qui est une organisation intermédiaire (essentiellement une entité conçue pour réduire les effets de la double imposition) par le propriétaire de l'entité, l'intérêt sur le prêt aux revenus du portefeuille pourrait être considéré comme un revenu passif.

Propriétés locatives.

La location de biens immobiliers est considérée comme un revenu passif, à quelques exceptions près. Si vous êtes un professionnel de l'immobilier, tout revenu locatif que vous gagnez est compté comme un revenu actif. S'il s'agit d'une "auto-location", c'est-à-dire que vous êtes propriétaire de vos locaux et que vous les louez à une société de personnes ou à une société dans laquelle vous exercez votre activité, il ne s'agit pas d'un revenu passif, sauf si le bail a été signé avant 1988. À ce stade, vous êtes exempté de la définition du passif. Selon l'IRS, "il importe peu que l'utilisation se fasse dans le cadre d'un bail, d'un contrat de service ou d'un autre arrangement. "Toutefois, le revenu tiré de la location d'un terrain ne compte pas comme un revenu passif. Mais, un propriétaire foncier peut profiter des règles de perte de revenu pour les revenus passifs lorsque la propriété subit une perte de revenu au cours d'une période fiscale. Si vous disposez d'un terrain pour l'utiliser comme investissement, les bénéfices seront considérés comme des revenus actifs.

"Aucune participation matérielle" dans une entreprise.

Si vous avez investi 500 000 $ dans un établissement qui vend des bonbons en sachant que les propriétaires paieraient un montant des bénéfices, considéré comme un revenu passif, donc à condition que vous ne participiez pas activement aux activités de l'entreprise d'une autre manière, cela investit. Si vous avez géré la société et les propriétaires, vos revenus pourraient être considérés comme actifs parce que vous avez participé à la "participation matérielle." L'IRS a des normes pour la participation matérielle. L'IRS a des directives pour la participation matérielle, qui comprennent ce qui suit : Si vous avez consacré plus de 500 heures à votre entreprise ou à l'activité que vous gagnez, il s'agit d'une participation importante. Si votre participation à un acte représente la "quasi-totalité" de la participation au cours de l'année fiscale, il s'agit d'une participation effective. Si votre participation dépasse 100 heures, ce qui correspond au moins à la participation de toute autre personne à l'événement, il s'agit également d'une participation importante.

Considérations particulières.

Lorsque vous réalisez la perte d'une activité non passive, seuls les bénéfices passifs peuvent être compensés au lieu du revenu total. Il est recommandé de s'assurer que toutes vos activités passives sont identifiées de cette manière afin de bénéficier au maximum des déductions fiscales. Ces déductions sont ensuite réparties sur l'année fiscale suivante et utilisées de manière relative pour considérer les revenus et les pertes de l'année. Selon l'IRS, il est possible de regrouper deux ou plusieurs activités passives en une seule action si vous créez "l'unité économique appropriée", selon l'IRS. Si vous créez ce groupe, il n'est pas nécessaire de participer à plusieurs activités ; vous devez le faire pour l'ensemble du mouvement.

En outre, vous pouvez inclure plusieurs activités au sein d'un même groupe et vous devez terminer l'une d'entre elles par une petite partie d'un événement global, et non par toutes les petites. Le principe de cette classification est assez simple : si les activités se situent dans la même zone géographique, si elles sont similaires en termes d'activité ou si elles sont interconnectées de quelque manière que ce soit, par exemple lorsqu'elles ont les mêmes employés, les mêmes clients ou utilisent le même système comptable. Par exemple, si vous exploitez un commerce de bretzels et un magasin de chaussures de sport dans des centres commerciaux à Monterey (Californie) et à Amarillo (Texas), vous pouvez choisir entre quatre options pour classer leurs revenus de sources passives:

- Toutes les entreprises ont été regroupées en une seule activité (toutes les entreprises étaient situées dans des centres commerciaux)
- Triées par zone géographique (Monterey ainsi qu'Amarillo)
- triées par type d'activité (vente au détail de bretzels et de chaussures).
- Ou elles peuvent ne pas être regroupées.

Chapitre no.2

Idées de revenus passifs pour gagner de l'argent.

Le revenu passif est un excellent moyen de générer des flux de trésorerie supplémentaires, que vous travailliez sur une activité parallèle ou que vous cherchiez simplement à gagner un peu d'argent chaque mois. Il peut vous permettre de gagner plus d'argent pendant les périodes fastes et vous aider à vous en sortir si vous perdez soudainement votre emploi ou si vous décidez de le quitter. Avec le revenu passif, vous gagnez de l'argent pendant que vous exercez votre activité principale, ou Si vous parvenez à constituer un flux de revenus impressionnant à partir de sources passives, il est possible de faire une pause. Quoi qu'il en soit, cela apporte une sécurité supplémentaire. Si vous vous inquiétez de votre capacité à épargner suffisamment d'argent pour atteindre vos objectifs de retraite, la constitution d'un patrimoine par le biais de revenus passifs est une méthode qui peut également vous intéresser.

Stratégies pour un revenu passif.
- Produits d'information à vendre
- Revenus de location
- Marketing via des affiliés
- Produits Flip pour la vente au détail
- Prêts entre pairs
- Actions à dividendes
- Créer une application
- REITs

- Echelle d'obligations
- Investir dans une épargne ou un CD à haut rendement
- Mettez votre maison en location à court terme
- Affichage sur votre véhicule
- Créez un blog ou une chaîne YouTube en ligne
- Mettre en location des biens ménagers importants
- Concevoir et vendre des modèles en ligne.

Comment définissez-vous le revenu passif?

Le revenu passif désigne le revenu régulier provenant d'une source extérieure, comme un employé ou un entrepreneur. Le revenu passif peut provenir de deux sources, comme un bien locatif ou une entreprise dans laquelle on ne s'engage pas activement, comme la réception de dividendes ou de redevances de livres. "C'est une attraction qui permet de gagner de l'argent rapidement... cependant, en fin de compte, il y a toujours du travail à faire. Il s'agit de fournir les efforts nécessaires dès le départ." Dans le monde réel, vous pouvez initialement effectuer une partie ou la totalité du travail. Cependant, les revenus passifs exigent généralement un travail supplémentaire au cours du processus. Pour maintenir le flux de revenus passifs, vous devrez peut-être vous assurer que votre produit est à jour ou entretenir votre bien locatif. Si vous êtes en mesure de vous engager dans cette méthode, elle peut être un moyen efficace de générer des revenus et de fournir une sécurité financière supplémentaire au fur et à mesure.

Les revenus provenant de sources passives ne sont certainement pas...

- Votre emploi. En général, le terme "revenu passif" désigne tout revenu provenant de quelque chose auquel vous avez participé, comme l'argent que vous gagnez grâce à votre emploi.
- Un autre emploi. Un deuxième emploi n'est pas susceptible d'être un flux de revenu passif puisque vous devrez toujours être présent et effectuer le travail pour gagner. Le revenu passif crée un revenu régulier sans que vous ayez à travailler beaucoup pour le gagner.
- Actifs non productifs de revenus. Les investissements peuvent être une méthode fantastique pour gagner un revenu passif. Cependant, ils ne vous permettent que de rapporter des dividendes ou de payer des intérêts. Les achats qui ne versent pas de dividendes, comme les cryptocurrences, peuvent être attrayants ; toutefois, ils ne permettront pas de gagner un revenu passif.

15 des stratégies de revenus passifs pour aider à constituer un patrimoine.

1. Vendre des produits d'information.

Une méthode standard de revenu passif consiste à créer un produit basé sur l'information, comme un livre électronique et un cours audio ou vidéo. Ensuite, vous pouvez commencer à vous détendre pendant que l'argent afflue sur le marché grâce aux ventes de votre article. Les cours sont proposés et vendus par Udemy, Skillshare et Coursera. Vous pouvez également étudier la possibilité d'un "modèle freemium", qui consiste à créer un public en proposant un contenu gratuit et à faire payer les détails plus spécifiques ou les personnes souhaitant en savoir plus. Par exemple, les professeurs de langues et les conseillers en sélection d'actions pourraient bénéficier de cette méthode. Le contenu gratuit sert d'exemple de vos connaissances et pourrait inciter les gens à approfondir leurs compétences.

- La chance : Les produits d'information peuvent générer un flux de revenus lucratif puisque vous pouvez rapidement gagner de l'argent après l'investissement initial.
- Risque : "Un effort massif est nécessaire pour créer le produit", déclare Tresidder. "Et pour en tirer un profit décent, le produit doit être excellent. Il n'y a pas de place pour les déchets sur le marché."

M. Tresidder vous conseille de créer une plate-forme solide pour commercialiser vos produits et de prévoir de nouveaux produits si vous souhaitez réussir. Une fois que vous aurez maîtrisé le modèle de votre entreprise, il affirme qu'elle peut faire des bénéfices.

2. **Revenu du loyer.**

L'investissement dans des biens locatifs peut être une méthode efficace pour gagner un revenu passif. Cependant, il demande généralement plus d'efforts que ce que beaucoup de gens prévoient. Supposons que vous ne consacriez pas le temps nécessaire pour comprendre comment en faire un investissement rentable. Dans ce cas, il est possible de ne pas pouvoir récupérer votre investissement, le reste, dit John H. Graves, un Accredited Investment Fiduciary (AIF) de la région de Los Angeles et auteur de "The 7% Solution : You Can Afford a Comfortable Retirement."

- Chance : Pour gagner un revenu passif à partir de propriétés locatives, Graves dit que vous devez déterminer trois choses:

Quel est le rendement maximal que vous souhaitez obtenir sur votre investissement ? Le coût total de la maison et des dépenses. Le risque financier lié à la possession de la propriété. Par exemple, si vous avez l'intention de réaliser un revenu annuel de 10 000 $ en flux de trésorerie locatifs, que la propriété est financée par un prêt hypothécaire de 2 000 $ par mois et que vous devez payer 300 $ de plus par mois pour les taxes et autres frais, vous devrez demander un loyer de 3 133 $ par mois pour atteindre vos objectifs.

- Risque : Il y a quelques questions à considérer. Y a-t-il des marchés dans votre maison ? Que se passe-t-il si vous avez un locataire insatisfaisant ou si vous endommagez votre propriété ? Que se passe-t-il si vous n'êtes pas en mesure de mettre votre maison en location ? L'une de ces circonstances peut entraîner une diminution importante de vos revenus provenant de sources passives.

Le ralentissement économique peut également causer des problèmes. Il peut y avoir un afflux soudain de locataires qui ne peuvent pas payer leur loyer, et vous avez peut-être encore une hypothèque à payer. Il se peut que vous ne puissiez pas louer votre maison aussi souvent qu'avant, car les revenus ont diminué. En outre, les prix des maisons ont augmenté ces derniers temps en raison de la baisse des intérêts hypothécaires, ce qui signifie que le loyer que vous payez pourrait ne pas suffire à couvrir vos dépenses. Par conséquent, vous devrez envisager les risques et mettre en place des plans d'urgence pour vous protéger.

3. **Marketing par le biais d'affiliés.**

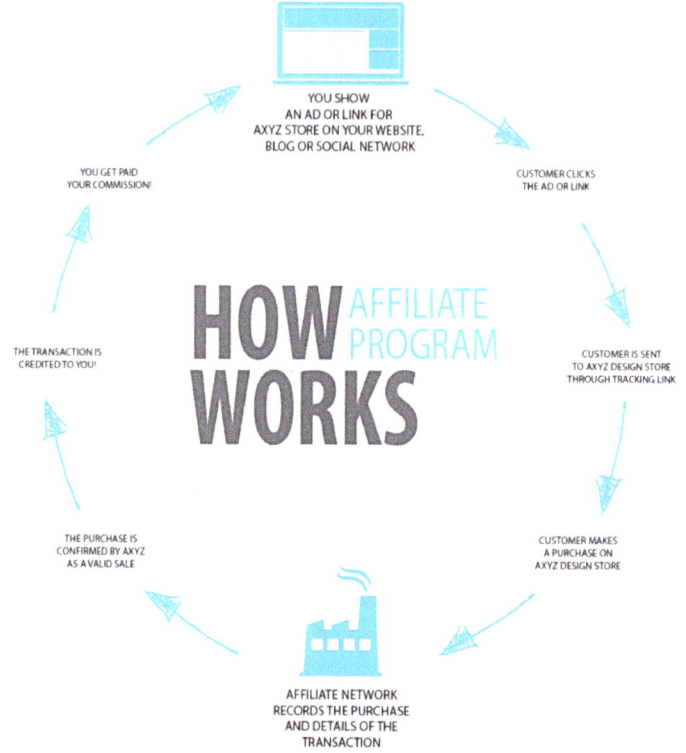

Grâce au marketing d'affiliation, les propriétaires de sites web ou les "influenceurs" ou blogueurs des médias sociaux font la promotion du produit d'un tiers en faisant de la publicité pour le site web ou le profil de média social de ce produit. Les plateformes de médias sociaux Instagram et TikTok sont aujourd'hui des plateformes majeures pour ceux qui souhaitent augmenter leur audience et faire de la publicité pour des produits. Vous pouvez également envisager d'augmenter le nombre d'e-mails que vous envoyez pour attirer l'attention sur votre blog ou pour orienter les clients vers des services ou des produits susceptibles de les intéresser. Si une personne clique sur le lien et achète ensuite le produit de la tierce partie affiliée, le propriétaire du site reçoit une commission. La commission peut se situer entre 3 et 7 %, ce qui signifie qu'il est probable que vous devez avoir un nombre important de visites sur votre site Web pour gagner un revenu substantiel. Si vous parvenez à augmenter le nombre de vos adeptes ou à vous spécialiser dans l'un des domaines les plus lucratifs (comme le fitness ou les services financiers), vous pourriez générer des revenus importants. Le marketing d'affiliation est passif, car on croit que vous pouvez gagner de l'argent simplement en publiant un lien sur votre compte de média social ou de site Web. En réalité, vous ne pouvez rien gagner si vous ne pouvez pas amener des personnes sur votre site pour qu'elles cliquent sur le lien et achètent quelque chose.

Le risque : Si vous débutez, vous devrez consacrer du temps au développement du contenu et à l'augmentation du trafic. La croissance de l'audience peut prendre du temps, et vous devrez trouver la meilleure méthode pour attirer le bon public, ce qui peut prendre un certain temps. Qui plus est, après avoir investi votre énergie, le public pourrait être plus enclin à partir vers le prochain influenceur ou la prochaine tendance à la mode ou vers une autre plateforme sociale.

4. Retourner les produits de détail.

Utilisez les plateformes de vente en ligne comme eBay ou Amazon et proposez ailleurs les produits que vous achetez à des prix réduits. L'arbitrage est la différence entre les prix d'achat et de vente et vous pourriez développer une base de clients qui suivent vos ventes.

Une chance : Vous pourrez profiter des prix qui diffèrent entre ce que vous pouvez acheter et ce que l'acheteur moyen peut trouver. Il peut être particulièrement bénéfique d'avoir une personne qui peut vous guider vers des aubaines que peu d'acheteurs peuvent identifier. Il est également possible de découvrir des produits de valeur que les gens auraient pu manquer.

Risque : Bien que les ventes puissent avoir lieu en ligne, ce qui rend cette stratégie totalement passive, il est tout de même nécessaire de rechercher une source fiable de produits. De plus, vous devrez investir de l'argent dans tous les produits que vous proposez jusqu'à ce qu'ils se vendent, ce qui signifie que vous aurez besoin d'une source de fonds durable. Il est essentiel de comprendre le marché pour vous assurer que vous n'achetez pas à un prix trop élevé. Sinon, vous risquez d'obtenir des produits dont personne ne veut ou dont vous devrez réduire considérablement la valeur pour les commercialiser.

5. **Prêts entre pairs.**

Le crédit peer-to-peer (P2P) est un prêt privé réalisé entre vous et l'emprunteur. Il est administré par un tiers intermédiaire comme Prosper et LendingClub. Parmi les autres, citons Funding Circle, qui cible les entreprises ayant une limite d'emprunt plus élevée, et Payoff, orienté vers un risque de crédit plus élevé.

La chance : En tant que prêteur, vous gagnez un revenu grâce aux paiements d'intérêts sur les prêts. Toutefois, comme le prêt n'est pas garanti, il est possible qu'il y ait un défaut de paiement, ce qui signifie que vous pourriez vous retrouver sans un sou.

Pour réduire le risque, vous devez prendre deux mesures:

Diversifiez votre portefeuille de prêts en investissant de petits montants dans plusieurs prêts. Sur Prosper.com et LendingClub, l'investissement minimum par prêt est de 25 $. Examinez les informations historiques sur les emprunteurs potentiels pour faire des choix éclairés.

Risque : Il faut du temps pour comprendre les statistiques du prêt P2P. Il ne s'agit donc pas d'un processus totalement passif. Vous devrez vous assurer de vérifier les antécédents des emprunteurs potentiels. Étant donné que vous contractez plusieurs prêts, il est essentiel d'être conscient du montant reçu. Ce que vous gagnez en intérêts doit être réinvesti si vous souhaitez générer des revenus. Les ralentissements économiques pourraient également rendre les prêts personnels à haut rendement plus susceptibles d'échouer. Si le COVID-19, ou l'une de ses variantes, devait causer davantage de dommages économiques, les prêts pourraient tomber à des taux plus élevés que la moyenne historique.

6. Actions à dividendes.

Les actionnaires des entreprises qui détiennent des actions donnant droit à des dividendes reçoivent des dividendes tous les quelques mois par l'intermédiaire de l'entreprise. La société verse des récompenses en espèces tous les trimestres de leurs bénéfices, et tout ce que vous avez à faire est de posséder les actions.

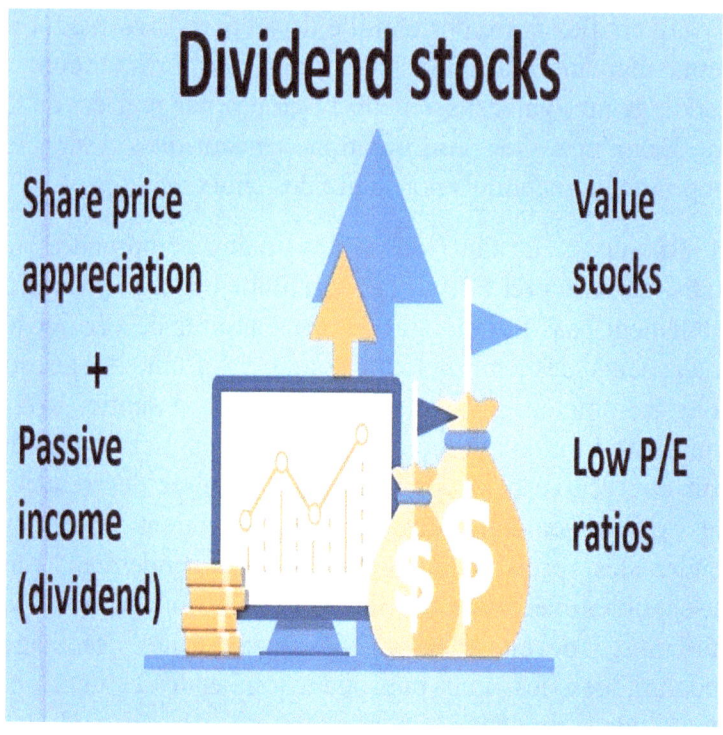

Le hasard : Étant donné que le revenu de l'action n'est lié à aucune autre activité que le premier investissement financier, l'investissement dans des actions à dividendes pourrait être l'une des méthodes les plus faciles pour gagner de l'argent. Les dividendes seront transférés sur le compte de courtage.

Risque : La partie la plus délicate est de choisir les bonnes actions. Par exemple, les entreprises qui versent un dividende extrêmement élevé peuvent ne pas maintenir ce montant. M. Graves prévient que de nombreux nouveaux investisseurs se jettent sur le marché sans faire leurs devoirs sur la société qui émet les actions.

Il existe des options pour investir dans des actions donnant droit à des dividendes sans passer beaucoup de temps à examiner les sociétés. M. Graves recommande d'utiliser des fonds négociés en bourse ou ETF. Les FNB sont des placements comportant des actifs tels que des obligations, des matières premières et des fournitures ; toutefois, ils se négocient de la même manière que les actions. Cela signifie que si une entreprise réduit ses versements, cela n'a pas d'impact trop important sur le dividende ou le prix de l'ETF. Un autre risque dont il faut être conscient pourrait être que les FNB d'actions sont enclins à s'effondrer pendant de courtes périodes en période d'incertitude. Ce fut le cas en 2020 lorsque l'épidémie de coronavirus a affecté les marchés des instruments financiers. Le stress économique peut également contraindre certaines entreprises à réduire leurs dividendes à terme, alors que les fonds diversifiés pourraient subir moins de pression.

7. Créer une application.

La création d'une application peut être l'occasion de faire l'investissement initial et de réaliser un bénéfice au fil du temps. Il peut s'agir d'un jeu qui aide les utilisateurs de mobiles à effectuer un travail difficile. Une fois que votre application est rendue publique, elle sera téléchargée par les utilisateurs. Téléchargez l'application et vous pourrez gagner de l'argent.

Opportunités : Une application a un potentiel énorme si vous créez quelque chose qui attire l'attention de votre public cible. Vous devrez réfléchir à la meilleure façon de réaliser des ventes par le biais de votre application. Par exemple, vous pouvez utiliser des publicités dans l'application ou permettre aux utilisateurs de payer un petit prix pour télécharger l'application. Si votre application gagne en popularité ou reçoit des commentaires de la part des utilisateurs, vous devrez probablement ajouter des fonctionnalités supplémentaires pour la rendre plus moderne et plus populaire.

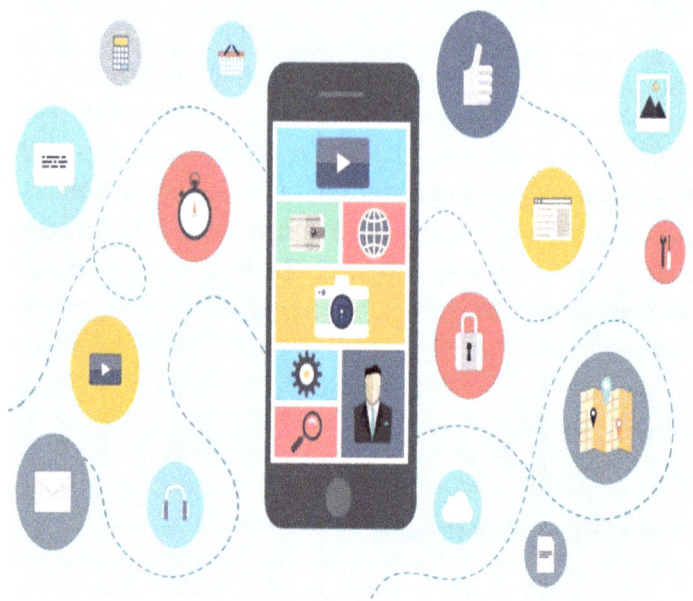

Risque : le danger le plus important est que vous passiez votre temps de manière non rentable. Si vous n'investissez que très peu ou pas du tout dans votre projet (ou si vous avez déjà dépensé de l'argent, par exemple pour acheter du matériel), il n'y a aucun risque de perte financière. Mais il s'agit d'un marché concurrentiel, et les applications les plus réussies doivent offrir un avantage ou une expérience attrayante pour les clients. En outre, vous devez vous assurer que si votre application collecte des données, elle respecte les lois sur la protection de la vie privée qui diffèrent d'un pays à l'autre. La popularité des applications peut être temporaire, ce qui signifie que votre trésorerie peut être drainée beaucoup plus rapidement que vous ne l'aviez prévu.

8. REITs.

Une FPI est un acronyme de "société d'investissement immobilier", qui désigne une entreprise qui possède et gère des biens immobiliers. Les FPI ont une structure juridique unique, ce qui signifie qu'elles ne paient que peu ou pas d'impôt sur le revenu lorsqu'elles distribuent la majorité de leurs bénéfices aux actionnaires.

Chance : Vous pouvez acheter des FPI sur le marché boursier, comme n'importe quelle autre société, ou des actions à dividendes. La FPI gagnera le montant qu'elle distribue sous forme de dividendes, et les FPI les plus réputées ont l'habitude d'augmenter leurs dividendes chaque année, ce qui signifie que vous aurez des conseils croissants au fil du temps. Comme pour les actions à dividendes, les FPI sont plus risquées qu'un investissement dans un ETF composé de plusieurs magasins liés aux FPI. Ce fonds offre une diversification immédiate et est généralement plus sûr que l'achat d'actions individuelles. Et vous recevrez toujours un bon dividende.

Le risque : Tout comme pour les actions de dividendes, vous devrez identifier les FPI les plus fiables. Cela signifie que vous devrez examiner chaque entreprise que vous envisagez d'acheter - une procédure fastidieuse. Bien qu'il s'agisse d'un processus passif, vous pourriez perdre énormément d'argent si vous n'êtes pas sûr de la bonne chose à faire. Comme pour n'importe quelle action, son prix est sujet à de fortes fluctuations sur une courte période. Les dividendes versés par les FPI ne sont pas non plus à l'abri des turbulences de l'économie. Si la FPI ne génère pas suffisamment de revenus, elle devra réduire son dividende ou le supprimer. Cela signifie que votre revenu passif peut être réduit au moment précis où vous en avez le plus besoin.

9. Une échelle d'obligations.

L'échelle d'obligations est un ensemble d'obligations qui arrivent à échéance à différents intervalles au fil des ans. L'échelonnement des échéances vous permet de réduire le risque de réinvestissement, c'est-à-dire la possibilité de réinvestir vos fonds lorsque les obligations offrent des taux d'intérêt bas.

Opportunités : Une échelle d'obligations est une option d'investissement bien connue qui attire les personnes proches de la retraite et les retraités depuis longtemps. Il est possible de se détendre et de prendre ses intérêts, et lorsque l'obligation est arrivée à échéance, vous êtes prêt à "étendre l'échelle" et à transférer ce principal dans une autre collection d'obligations. Par exemple, vous pouvez commencer par des obligations d'un an, de 3 ans, de 5 ans ou de 7 ans. En un an, après l'échéance de la première obligation, il reste des obligations de deux, quatre ou six ans. Vous pouvez utiliser l'argent de la colle qui vient d'arriver à échéance pour en acheter une autre d'un an ou la déployer sur une période plus longue comme des obligations de 8 ans.

Le risque : Une échelle d'obligations élimine l'un des risques les plus importants de l'achat d'obligations : la possibilité que, lorsque votre obligation arrive à échéance, vous deviez acheter une obligation supplémentaire, même si les taux d'intérêt ne sont pas forcément intéressants. Il existe d'autres risques associés aux obligations. Elles comportent également des risques supplémentaires. Même si le gouvernement fédéral assure les obligations du Trésor, mais c, vous devriez aussi avoir plusieurs obligations pour répartir votre risque et minimiser la possibilité qu'une seule obligation affecte votre portefeuille. Si les taux d'intérêt augmentent, cela pourrait réduire ce que vous pouvez tirer de vos obligations. À la lumière de ces problèmes, de nombreux investisseurs optent pour les ETF obligataires. Ceux-ci offrent une diversification des fonds obligataires que vous pouvez arranger pour former une échelle, éliminant ainsi la possibilité qu'une obligation ait un impact négatif sur vos revenus.

10. Placez votre argent sur un CD ou un compte d'épargne à haut rendement.

Un certificat de dépôt (CD) ou un compte d'épargne à haut rendement auprès de l'une des banques en ligne vous permettra d'obtenir un revenu passif et de bénéficier de l'un des meilleurs taux d'intérêt du pays.

La chance : Vous devrez effectuer une recherche rapide pour trouver les taux de CD les plus élevés du pays et les meilleurs comptes d'épargne. Il est généralement plus avantageux de choisir une banque en ligne plutôt qu'une banque locale, car vous serez en mesure de choisir le meilleur taux disponible aux États-Unis. De plus, vous obtiendrez un rendement assuré sur votre capital jusqu'à 250 000 $ si votre banque est assurée par le FDIC.

Risque : Tant que votre banque est assurée auprès de la FDIC et qu'elle dispose de limites, le capital est protégé. Par conséquent, placer votre argent sous la forme d'un CD ou d'un compte de banque d'épargne peut constituer le rendement le plus sûr que vous puissiez trouver. Mais, même s'ils sont sûrs, ils rapportent moins qu'avant. C'est particulièrement vrai lorsqu'on les compare à l'inflation, qui atteindra les chiffres intermédiaires à un chiffre d'ici 2021. Cela pourrait réduire le pouvoir d'achat de vos liquidités. Mais un compte d'épargne ou un CD vous rapportera davantage qu'un compte chèque sans intérêt, où vous gagnerez environ zéro.

11. Louez votre maison à court terme.

Cette stratégie simple permet d'utiliser l'espace que vous n'utilisez pas et de le transformer en une opportunité commerciale lucrative. Si vous voyagez pendant l'été ou quittez la ville pendant un certain temps, ou même si vous devez voyager, pensez à louer votre espace pendant votre absence.

Possibilité : Vous pouvez inscrire votre espace sur n'importe quel site Web, comme Airbnb, et décider vous-même des conditions de location. Vous recevrez un paiement pour votre effort sans effort supplémentaire, surtout dans le cas de locataires qui sont là pour une courte période.

Le risque : Vous n'avez pas d'enjeu financier dans ce cas, mais laisser des gens séjourner dans votre maison est un risque atypique de la majorité des investissements passifs. Les locataires pourraient dégrader ou ruiner votre maison ou prendre des objets de valeur comme.

12. Faites de la publicité pour votre entreprise sur votre véhicule.

Il est possible de gagner de l'argent supplémentaire en conduisant simplement votre véhicule dans la ville. Trouvez une agence de publicité spécialisée qui analysera votre façon de conduire, par exemple les endroits où vous vous déplacez et la fréquence de vos déplacements. Si vous correspondez bien à l'un de ses clients, cette agence peut "envelopper" votre voiture de publicités sans que cela ne vous coûte rien. Les agents recherchent des véhicules plus modernes, et les conducteurs doivent avoir un dossier de conduite vierge.

La chance : Même si vous devez sortir et conduire, c'est une excellente occasion de gagner gratuitement des centaines de dollars par mois si vous faites un effort pour vous déplacer. Les conducteurs peuvent gagner de l'argent au kilomètre.

Risque : Si cette idée vous intrigue, veillez à choisir une entreprise honnête pour vous associer. De nombreux fraudeurs ont mis en place des escroqueries dans ce domaine pour tenter de vous extorquer des milliers de dollars.

13. Créez une chaîne YouTube ou un blog.

Êtes-vous une autorité en matière de voyages en Thaïlande ? Un maître de Minecraft ? Un sultan de la danse swing ? Trouvez votre amour pour un sujet particulier et faites-en un blog en ligne ou une chaîne YouTube. Utilisez des publicités ou des sponsors pour générer vos revenus. Choisissez un sujet populaire ou même un segment, et vous deviendrez un expert en la matière. Au début, vous devrez créer une collection de contenus et attirer un public, mais vous créerez une source de revenus régulière au fil du temps, une fois que vous serez devenu célèbre pour la qualité de votre contenu.

La chance : Vous pouvez tirer parti d'une plateforme gratuite (ou extrêmement peu coûteuse), puis utiliser votre excellent contenu pour vous constituer une audience. Plus votre voix ou votre domaine d'expertise est distinctif, plus il est intéressant pour vous d'être "la" personne à suivre. Vous pourrez alors attirer des sponsors vers vous.

Risque : vous devrez créer du contenu dès le début, puis développer un contenu régulier, ce qui peut prendre un certain temps. Vous devrez également vous engager en faveur du produit, ce qui peut vous aider à conserver la motivation nécessaire pour continuer, surtout au début, lorsque vos fans découvrent encore votre site. Le plus gros problème est que vous devrez dépenser d'énormes ressources et du temps sans rien avoir à montrer si votre sujet ou votre domaine d'expertise ne suscite pas un grand enthousiasme. Votre domaine de connaissances est peut-être trop étroit pour attirer un public important, mais vous n'en serez jamais sûr tant que vous n'aurez pas essayé.

14. Laissez les articles ménagers de valeur être loués.

Voici une alternative à la location de votre véhicule inactif. Commencez par vous occuper des articles ménagers dont les gens ont besoin mais qui pourraient accumuler des particules dans votre garage. Des tondeuses à gazon ? Des outils électriques ? Des outils mécaniques ainsi qu'une boîte à outils ? De grandes glacières ou des tentes ? Considérez les articles de grande valeur qui sont nécessaires pour une courte durée et pour lesquels il n'est peut-être pas logique que quiconque possède l'objet. Créez une méthode permettant aux clients de découvrir votre inventaire et un plan pour effectuer les paiements.

La chance : Vous pouvez commencer petit ici et augmenter progressivement la taille de l'intérêt dans une région particulière. Voyez-vous des gens vouloir une tente d'extérieur lorsque le temps se réchauffe ou se refroidit ? Déterminez ce qui fait l'objet d'une demande, puis prenez le temps d'acheter l'article au lieu de l'avoir à portée de main. Dans certains cas, vous pourrez récupérer le coût de l'article après quelques utilisations. Cependant, vous pouvez réduire le risque grâce à des contrats qui vous permettent de réparer ou de remplacer l'objet aux frais de l'acheteur. Si vous commencez avec un montant plus faible, ce n'est pas un risque. Tout risque, surtout si vous possédez déjà l'objet et que vous n'en aurez probablement pas besoin sous peu. Tenez compte de la question de la responsabilité, en particulier lorsque vous louez du matériel susceptible d'être dangereux (par exemple, des outils électriques.)

15. Vendez vos créations en ligne.

Si vous avez des talents de designer, vous pouvez les transformer en une source de revenus en vendant des produits portant vos dessins. Des sociétés comme CafePress et Zazzle vous permettent de vendre des casquettes, des T-shirts et des tasses, le tout en utilisant vos méthodes.

La chance : Vous pouvez commencer par vos créations, puis voir ce qui intéresse les gens et évoluer à partir de là. Vous pourriez profiter de l'intérêt croissant pour une occasion à venir et créer une chemise qui reflète le moment ou même une version humoristique du sujet. Vous pouvez également créer votre vitrine sur un site Web comme Shopify pour vendre vos produits.

Risque : les partenaires d'impression permettent d'expédier des articles sans investir directement dans les produits vous-même, évitant ainsi l'un des risques les plus importants de conserver votre argent. Vous pouvez également être en mesure de négocier des prix plus compétitifs en investissant vous-même dans une partie du stock. Un autre risque à prendre en compte est que vous devrez investir sur une longue période et recevoir un rendement très faible. Toutefois, cela peut être une bonne option lorsque vous effectuez déjà le travail de conception pour servir un autre motif, comme vos intérêts personnels.

Combien de sources de revenus êtes-vous censé avoir?

Il n'y a pas de recette universelle en matière de sources de revenus. Le nombre de sources de revenus que vous pouvez avoir dépendra de l'état de vos finances. Cependant, avoir au moins quelques sources de revenus est un excellent point de départ. Vous devrez vous assurer que vos efforts dans une nouvelle source de revenus passifs ne vous font pas perdre l'intérêt pour les autres sources. Vous devez vous concentrer sur les bonnes choses et vous assurer que vous choisissez les options les plus rentables pour votre temps.

Stratégies de revenus passifs pour les novices en la matière.

Un compte d'épargne à haut rendement. Un compte d'épargne à haut rendement peut être une option simple pour recevoir une augmentation supplémentaire de votre épargne par rapport à ce que vous gagneriez avec un compte d'épargne ou un compte chèque standard. Ce n'est pas beaucoup, mais c'est une option facile pour commencer à gagner un flux de revenu passif. Certificats de dépôt. Les CD sont une autre méthode pour gagner un revenu qui n'est pas une source de revenu, mais l'argent que vous gagnez sera plus emmêlé que dans un compte à haut rendement. Les fiducies de placement immobilier. Les FPI sont une option qui vous permet d'investir dans l'immobilier sans supporter tout le travail de gestion de la propriété. Les FPI versent généralement la majeure partie de leurs gains sous forme de dividendes, ce qui en fait un choix populaire pour les investisseurs qui souhaitent obtenir un revenu régulier.

Réduire votre charge fiscale sur les revenus passifs.

Un revenu passif peut être une excellente méthode pour générer un revenu supplémentaire, mais il sera également soumis à l'impôt pour cet effort. Cependant, vous pouvez minimiser la charge fiscale et préparer l'avenir en vous constituant en société et en établissant un compte pour la retraite. Cette approche ne fonctionnera pas pour toutes ces stratégies passives, mais vous devrez avoir une société légitime pour être éligible. Inscrivez-vous auprès de l'IRS et obtenez un numéro d'identification fiscale pour votre société. Contactez un courtier qui peut créer un compte de retraite pour les indépendants, comme Charles Schwab ou Fidelity.

Découvrez quel compte de retraite serait le plus adapté à vos besoins.

L'un des choix les plus recherchés est le 401(k) individuel et le SEP-IRA. Si vous déposez l'argent dans le 401(k) classique ou le SEP-IRA, vous pouvez bénéficier d'une déduction fiscale pour les impôts de cette année fiscale. Le 401(k) simple est idéal car il vous permet de mettre tous vos revenus sur le compte et jusqu'à la limite annuelle. En outre, la contribution au SEP-IRA vous permettra de cotiser à hauteur de 25 %. En outre, vous pouvez contribuer au 401(k) solo, qui vous permet de verser un montant supplémentaire allant jusqu'à 25 % des revenus de l'entreprise. Si vous envisagez de prendre cette voie, comparez les différences entre les deux types de comptes ou consultez les meilleurs plans de retraite conçus pour les travailleurs indépendants.

Chapitre no.3

Les idées de revenus passifs qui vous rendront riche.

Gagner de l'argent pendant que vous êtes allongé dans votre lit ou que vous sirotez des mimosas à la plage est le rêve de chacun d'entre nous (et même ceux qui prétendent que ce n'est pas possible ne le sont probablement pas !) C'est une possibilité, mais est-il possible de gagner de l'argent sans même lever le petit doigt ? Grâce à ces options innovantes de revenu passif, vous vous rapprocherez un peu plus de votre vie idéale, et de l'argent dont vous aurez besoin pour la financer ! Avant de nous plonger dans les options de revenus passifs les plus efficaces pour répondre à vos besoins et à votre style de vie, il est utile de comprendre ce que nous entendons par "revenus passifs". Ce terme est souvent mal interprété ou mal utilisé. Si le revenu passif n'est pas une méthode magique pour gagner de l'argent avec peu d'efforts, il s'agit d'une méthode efficace pour augmenter les bénéfices de manière à réduire vos efforts au fil du temps. De plus, à mesure que le temps passe, votre effort est réduit, tandis que les profits augmentent. Cela semble charmant, n'est-ce pas ? Il y a du travail et des efforts à fournir pour trouver la propriété idéale ; vous devez également vous occuper de l'aspect juridique de l'équation et vous préparer à la location - et un investissement financier tel que les dépôts et les hypothèques une fois que vous avez obtenu vos locataires. Vous gagnerez de l'argent en faisant peu d'efforts. Il y aura peut-être quelques inspections de la propriété et quelques changements de locataires à gérer, mais pour la majeure partie du temps, les propriétaires seront occupés à profiter du revenu passif que procure la location. En substance, il s'agit d'une décision à long terme qui nécessite des compromis à court terme. Lorsque vous êtes prêt à consacrer votre temps, votre expertise et votre argent à votre objectif de gagner un revenu passif et éventuellement de prendre une retraite anticipée, vous pourriez gagner des centaines de dollars à long terme.

Ce qui est considéré comme un revenu passif?

Le revenu passif est souvent confondu et mal compris avec une activité secondaire. Un deuxième ou troisième emploi peut contribuer à améliorer vos flux de revenus ; toutefois, s'il est exploité de manière à vous permettre de vous éloigner de plus en plus (tout en gagnant de plus en plus d'argent), est-il entièrement "passif". Votre travail doit être un flux de revenus passif. L'objectif d'un flux de revenus est d'augmenter régulièrement vos gains ou de vous permettre de prendre votre retraite plus tôt. L'activité principale que vous exercez ne génère pas de revenu passif. Une opportunité de gagner un revenu secondaire - un "side hustle" - pourrait générer des revenus passifs ; ceux-ci sont souvent un exemple de revenu actif car ils nécessitent de la concentration et de l'engagement pour être maintenus. Mais, si votre activité annexe vous permet de prendre du recul et de ne pas perdre votre élan, elle pourrait se transformer en un flux de revenus passifs au fil du temps. Le conseil peut être un excellent moyen de gagner un revenu supplémentaire ou une option de commerce en ligne si vous avez une expertise dans un domaine que vous souhaitez communiquer au monde entier ; cependant, ce n'est pas une source de revenu passif. Vous devez construire votre entreprise avec d'autres personnes impliquées dans l'aspect pratique pendant que vous vous détendez et profitez des avantages.

Investissements pour la spéculation Il est courant d'entendre des gens parler d'utiliser le marché pour investir afin de gagner un revenu passif. Mais, nous ne pensons pas que l'investissement en bourse soit parmi les meilleurs moyens de gagner un revenu passif pour une raison principale... L'appréciation des actions n'est pas un revenu. Cependant, l'investissement dans des actions qui versent des dividendes est un exemple de revenu passif puisqu'il vous procure un revenu régulier sans que vous ayez besoin d'effectuer.

Exemples de ce que sont les revenus passifs:

Ces idées populaires de petites entreprises ne sont pas un flux de revenu passif.

Idée active	Alternative passive
un poste de consultant dans lequel vous êtes payé à l'heure.	Développez votre cours en ligne que les gens pourraient acheter
La programmation sur ordinateur est disponible sur une base payante	Conception d'un programme sous licence puis vendu de manière répétée.
Écrire pour les freelances	Le processus d'écriture d'un livre ou d'un eBook

Construction ou autre domaine similaire	Investir dans l'immobilier
Le chauffeur conduit au nom d'Uber et d'un service de transport	Vente ou location de votre véhicule, ou location d'espaces publicitaires sur votre véhicule
Photographier des séances de photos, accueillir des séances de photos ou réaliser une séance de photos en échange d'une commission	Vendre des images de stock ou développer votre compte Instagram pour la photographie

Cette liste d'exemples peut vous aider à comprendre le concept de revenu passif et à transformer votre activité secondaire actuelle en une entreprise lucrative qui vous fera gagner de l'argent même lorsque vous dormez.

Comment commencer à créer des revenus passifs.

Bien qu'il soit agréable d'avoir une variété de concepts et de plans de revenus passifs, il est essentiel de garder à l'esprit que toutes les idées ne sont pas idéales. Même si vous avez observé d'autres personnes gagner de l'argent avec une méthode spécifique, rien ne garantit qu'elle conviendra à vos besoins, à vos capacités ou à votre style de vie. Il est essentiel d'établir des objectifs et des stratégies spécifiques. Vous devrez déterminer le montant que vous êtes prêt à investir en temps et en argent. Vous devrez également être prêt à sacrifier certaines choses pour atteindre vos objectifs à long terme. Avant d'aborder les meilleures idées de revenus passifs qui vous encourageront, jetez un coup d'œil aux étapes suivantes pour commencer votre voyage vers les revenus passifs.

1. **Faites un nid.**

Faites un plan d'investissement que vous êtes sûr de réussir ; il est essentiel de créer un actif... Ce pourrait être votre tout premier exemple de revenu passif ! Vous pouvez ouvrir un compte d'épargne avec un taux d'intérêt élevé pour aussi peu que 100 $. Avec le temps, tous les intérêts que vous accumulerez sur ce compte seront considérés comme un revenu passif, et vous pourriez même recevoir une récompense en espèces pour l'ouverture du compte.

2. **Vérifiez vos compétences.**

Il ne sert à rien de décider de vendre vos images à des sociétés d'images de stock si vous ne pouvez pas capturer une photo au point qui vous sauvera ! Dans le même ordre d'idées, certaines idées de revenus passifs, comme les cours de rédaction, nécessitent des compétences et des qualifications spécifiques. Si vous êtes en mesure de le faire, tant mieux ! Dans le cas contraire, demandez-vous si vous pensez que l'obtention de ces qualifications en vaut la peine.

Toutefois, l'évaluation de vos capacités ne doit pas porter uniquement sur les domaines dans lesquels vous n'êtes pas compétent. Il est également essentiel d'avoir l'esprit ouvert sur les domaines dans lesquels vous excellez. Par exemple, si vous êtes courtier en bourse, peut-être pouvez-vous écrire pour des magazines financiers ? Dans le cas d'un entraîneur de fitness personnel, peut-être pouvez-vous créer des vidéos sur le fitness que les gens pourraient acheter et regarder chez eux ? Soyez réaliste quant à vos talents et envisagez des moyens de les utiliser pour aider les autres sans être physiquement présent ou travailler toute la journée.

3. Soyez honnête en ce qui concerne votre temps, votre argent et vos efforts, ainsi que vos autres engagements.

Nous avons déjà mentionné que, si l'objectif du revenu passif réside dans la possibilité de gagner de l'argent le soir, il n'est cependant pas possible de construire une entreprise sans effort. En réalité, vous découvrirez peut-être que la création d'un flux de revenus passifs nécessite beaucoup plus de temps et d'efforts qu'une simple activité secondaire ordinaire pour fonctionner. Avant de vous lancer dans une activité, réfléchissez de manière réaliste aux autres obligations qui vous incombent. Si vous devez jongler avec un emploi du temps à temps plein, des enfants ou des membres de votre cercle social, vous n'aurez peut-être pas le temps de créer une entreprise lucrative. Si c'est le cas, vous pouvez envisager d'investir dans l'entreprise ou de demander à quelqu'un d'autre de vous aider dans cette tâche difficile.

4. **Réfléchissez à vos rêves.**

Steve Jobs a dit un jour : "Votre travail occupera une part importante de votre temps, et la seule façon d'être satisfait est de faire ce que vous considérez comme un bon travail. Il est essentiel de tenir compte de ses conseils lorsque vous choisissez un emploi, une activité parallèle ou une idée de revenu passif. Si au moins un élément du concept ne vous excite pas ou ne vous inspire pas, l'idée ne sera probablement pas un succès. Par conséquent, vous devez chercher quelque chose que vous pouvez envisager de faire sur le long terme. Même si vous pouvez vous retirer et laisser l'entreprise s'occuper d'elle-même, vous devrez participer de temps en temps, et c'est pourquoi vous devez choisir quelque chose qui vous plaira.

5. **Trouvez l'intersection.**

Après avoir évalué vos points forts et vos points faibles, pesé les limites et réfléchi à ce que vous aimeriez faire pour vous satisfaire, vous devriez déjà avoir en tête quelques suggestions pour générer des revenus passifs. Vous atteindrez sûrement l'indépendance financière en quelques minutes!

Méthodes de revenus passifs pour vous aider à devenir riche.

Les revenus passifs peuvent sembler complexes ; pourtant, c'est assez simple. Il existe tellement de possibilités de gagner un revenu passif en 2021 que vous pourrez trouver la solution qui correspond à vos besoins ainsi qu'à vos objectifs, engagements et intérêts. Pour vous donner un peu de motivation et vous aider à atteindre l'indépendance financière, voici quelques-unes des options de revenus passifs les plus efficaces dont presque tout le monde peut profiter.

1. Investir dans l'immobilier.

L'investissement dans l'immobilier est une méthode éprouvée pour créer de la richesse depuis presque aussi longtemps que l'immobilier existe ! L'investissement dans l'immobilier était une entreprise intimidante qui nécessitait beaucoup de temps, d'efforts et de connaissances. Cependant, l'investissement dans les applications immobilières a éliminé de nombreux problèmes et a rendu plus accessible et mesurable la possibilité de devenir un magnat de l'immobilier dans le confort de votre maison. Si vous souhaitez acheter une maison, mais qu'elle est chère, il est possible d'acheter une société d'investissement immobilier, également connue sous le nom de REIT. Elles versent généralement des dividendes importants et sont basées sur l'orientation du marché. Ainsi, la valeur de votre investissement fluctuera comme un bien physique. Cependant, elles sont beaucoup plus simples à vendre ou à acheter et peuvent vous aider à élargir votre portefeuille en investissant sur différents marchés.

2. Trouver un compte d'épargne à haut rendement.

L'idée de placer votre argent sur des comptes d'épargne à haut rendement n'est peut-être pas ce que vous aviez en tête lorsque nous avons dit que cette liste regorgeait d'options de revenus passifs. De nombreux comptes à haut rendement offrent des taux d'intérêt annuels aussi bas que 0,50 % sans solde minimum requis à l'ouverture, et certains offrent une récompense initiale en espèces pour ouvrir le compte. Vous devrez placer le plus d'argent possible sur votre compte pour obtenir un rendement significatif, mais c'est une option qui vaut la peine d'être envisagée.

3. Investir dans des actions à dividendes.

Nous avons déjà mentionné que nous ne considérons pas l'investissement dans la plus-value comme un flux de revenu passif. Si vous décidez d'investir dans des actions qui offrent des dividendes importants aux actionnaires, vous pouvez tirer des bénéfices substantiels de votre investissement. Le prix des actions que vous détenez augmentera au fur et à mesure que vous les posséderez, ce qui signifie que vous aurez la possibilité de tirer un revenu régulier des dividendes et des gains en capital après avoir décidé de vendre. Si vous n'êtes pas un expert sur le marché des actions, vous pouvez envisager de faire appel à un courtier ou peut-être à des Robo-advisors pour un système de non-investissement complet. N'oubliez pas que l'investissement est très risqué et que vous pouvez perdre plus que ce que vous avez investi. Demandez toujours conseil avant de commencer votre portefeuille d'investissements.

4. Acheter ou créer un blog.

Une façon de gagner de l'argent en peu de temps est de créer un blog. Bien sûr, sa création demande du temps et des efforts, car vous devrez écrire régulièrement sur votre blog et créer un public. Cependant, vous pouvez gagner une quantité incroyable d'argent grâce au marketing d'affiliation ou à la vente d'espaces publicitaires sur votre blog. Si vous n'êtes pas sûr de savoir comment commencer un blog en ligne, vous pouvez également gagner de l'argent en achetant un blog déjà établi. Il s'agit d'une " tricherie " fantastique, car vous bénéficierez d'un flux financier et d'un trafic déjà établis.

5. Rejoignez le marketing d'affiliation.

Le marketing par affiliation implique un partenariat avec une entreprise pour mettre en avant et promouvoir les produits et services de cette dernière. Utilisez vos partenariats de marketing d'affiliation pour générer des revenus à partir de sources passives. Il est possible de présenter les sponsors dans votre podcast ou sur votre chaîne YouTube, de créer des guides d'achat comprenant des liens vers les produits de l'entreprise, ou de compiler des critiques de produits ainsi que des vidéos de déballage, etc. Pour déterminer la meilleure entreprise pour laquelle devenir affilié, vous devez faire des recherches et trouver la bonne marque qui correspond à vos valeurs et aux besoins de vos lecteurs. Il ne sert à rien d'être affilié à des bouchers ; le public principal de votre blog est composé de végétariens, par exemple.

6. Faites-vous un associé silencieux.

Si vous avez l'intention de créer votre entreprise mais que vous ne pouvez pas y consacrer le temps ou le savoir-faire nécessaires, il peut être judicieux de penser à devenir un partenaire commercial silencieux. Cela signifie que vous contribuerez financièrement à l'entreprise, mais que vous laisserez les opérations quotidiennes à votre partenaire commercial. Après avoir investi, une partie des bénéfices vous sera remboursée chaque mois, et votre investissement sera protégé par une part de propriété dans l'entreprise. Vous ne croyez pas à l'idée d'entreprise de votre ami louche pour y investir ? De nombreux entrepreneurs recherchent un partenaire commercial discret qui peut soutenir leur entreprise.

7. Écrire un eBook.

Écrire des blogs et les monétiser ensuite est une excellente option de revenu passif ; écrire des livres ou des ebooks est une meilleure source de revenu passif puisque vous ne devez le faire qu'une fois ! Au lieu d'écrire un blog, vous pouvez consacrer du temps à partager votre passion ou votre expertise en créant un livre ou un eBook et en le vendant. Chaque fois que quelqu'un achète un ebook, vous recevez des royalties. Celles-ci peuvent rapidement augmenter si vous atteignez la bonne cible. Les redevances se situent généralement entre 5 et 10 % du prix. Les eBooks sont également plus rentables et rapportent environ 25 %. Ils rapportent généralement des redevances comprises entre 10 et 15 %. Bien sûr, vous devez créer un excellent livre pour gagner un revenu durable grâce à votre écriture. Mais, même quelques ventes peuvent vous permettre de gagner l'argent supplémentaire dont vous avez besoin pour les prochaines vacances ou vous aider à vous rapprocher de vos projets de retraite.

8. Concevoir un cours en ligne.

Comme l'écriture d'un livre, la création d'un cours en ligne que les clients peuvent acheter à plusieurs reprises est une occasion fantastique de gagner un revenu passif. Bien sûr, la création du système demandera du temps, de l'énergie et de l'expérience ; cependant, une fois le cours terminé, vous pouvez le mettre en ligne et gagner de l'argent chaque fois que quelqu'un l'achète. De nos jours, il n'y a presque plus de limites à l'étude des sujets avec un cours en ligne. Les entraîneurs personnels peuvent développer des vidéos sur le fitness. Les chefs cuisiniers peuvent créer un cours de cuisine en ligne ; les comptables peuvent aider les autres à apprendre la comptabilité. En résumé, si vous possédez une expertise ou une spécialisation, vous pouvez créer votre cours en ligne et en tirer profit. Toutefois, vous devrez peut-être prouver vos titres de compétences et vos expériences pour élaborer un cours en ligne qui vous permettra de gagner de l'argent. Mais, vous pouvez gagner de l'argent grâce à une chaîne YouTube, même sans qualifications officielles... Tout le monde apprécie le frisson d'un life hack!

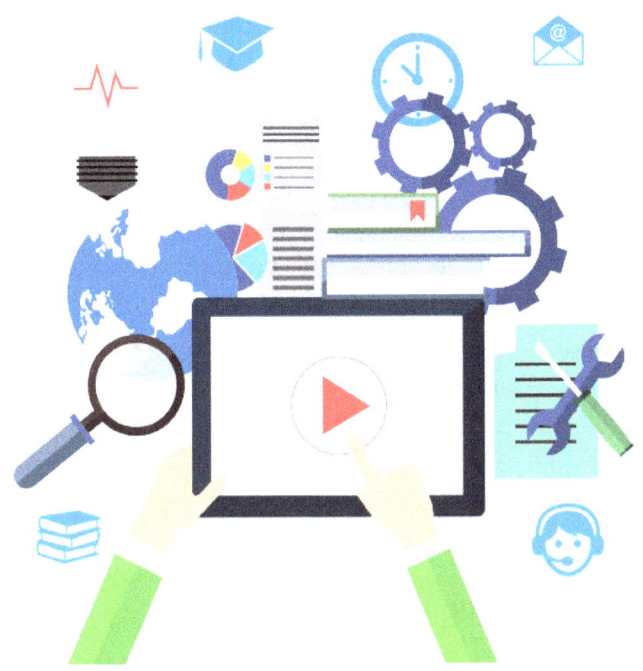

9. Musique sous licence.

Vous pouvez écrire et concéder des licences pour votre musique afin de gagner de l'argent pour les musiciens lorsque quelqu'un souhaite utiliser votre musique dans ses projets. De bien des façons, l'octroi de licences pour votre musique peut vous faire gagner de l'argent et constitue une excellente option pour gagner un revenu supplémentaire lorsque les concerts ne vous rapportent pas d'argent (ou que vous ne souhaitez pas avoir l'occasion de jouer en direct).

10. Vendre des photos de stock.

Supposons que vous ayez toujours votre appareil photo sur vous et que vous soyez connu pour prendre de superbes photos. Dans ce cas, vous pouvez tirer profit de votre amour de la photographie en vendant vos photos à des sociétés de photographie de stock. Lorsque vous vendez votre image sur un site externe, vous recevez un pourcentage des bénéfices. Les meilleures sociétés auprès desquelles commercialiser vos images sont les plus célèbres (car ce sont celles qui comptent le plus grand nombre de clients potentiels susceptibles de voir, d'admirer et d'acheter vos photos). Pensez à Adobe Stock, Shutterstock, Alamy, etc. Même si vous ne possédez qu'un iPhone, de nombreuses sociétés d'imagerie achèteront des images de qualité prises à l'aide du téléphone. Il n'est donc pas nécessaire de posséder un équipement sophistiqué pour gagner un revenu passif.

11. Créer une application.

Au lieu d'externaliser vos nouvelles connaissances informatiques à l'heure, vous pouvez transformer vos compétences informatiques en une activité à revenus passifs en créant des applications que les joueurs peuvent télécharger. Il n'est pas nécessaire que l'application soit innovante ou que le téléchargement coûte de l'argent pour générer des revenus... Angry Bird est une application que l'on peut télécharger gratuitement pour les smartphones. Le jeu lancé en 2009 a rapporté environ 272,3 millions d'euros en 2020 ! Même si vous n'êtes pas un expert en technologie, vous pouvez toujours gagner de l'argent en créant une application. Vous pouvez apprendre quelques notions de programmation de base (ce qui est tout à fait passionnant et bénéfique) et même trouver quelqu'un qui a les capacités nécessaires pour former des partenariats et partager les bénéfices. Oui, il y a plus d'argent à gagner si vous travaillez seul ; cependant, si vous développez une idée pour le futur Fruit Ninja, vous pourriez être prêt à partager!

12. Faites-vous une personnalité influente sur les médias sociaux.

Saviez-vous que vous pouviez gagner de l'argent simplement en ayant une solide présence en ligne ? Nous avons tous déjà entendu parler des influenceurs de médias sociaux... Cependant, pour quiconque vit dans une grotte, les influenceurs des médias sociaux ont un grand nombre de suiveurs et des niveaux d'engagement élevés qui sont payés un pourcentage des posts sponsorisés et du marketing affilié. Ils peuvent également gagner de l'argent en organisant ou en participant à des événements. Bien sûr, gagner l'attention nécessaire pour devenir une personne influente sur les médias sociaux ne se fera pas du jour au lendemain. Vous devez vous engager dans vos stratégies de médias sociaux et créer un portefeuille qui démontre le niveau d'engagement de vos fans et que vous pouvez montrer aux entreprises qui souhaitent travailler avec vous.

13. Vous pouvez louer une voiture.

Si votre voiture traîne dans l'allée, vous pourriez gagner de l'argent en la prêtant aux gens même si vous ne l'utilisez pas. Selon l'endroit où vous vivez et le modèle de la voiture, cette idée de gagner de l'argent pourrait vous rapporter beaucoup d'argent. Si l'idée de louer votre véhicule vous semble attrayante, vous devriez vous intéresser à Turo. Imaginez que c'est un Airbnb pour les voitures. En fonction de l'endroit où vous vivez, vous pouvez également gagner de l'argent substantiel en louant votre garage ou votre allée. Les grandes villes sont particulièrement lucratives, car les places de stationnement sont chères et les clients sont prêts à payer une prime pour disposer d'un espace sûr et sécurisé pour garer leur véhicule.

14. Airbnb.

Naturellement, toute liste d'options de revenus passifs n'est pas complète sans mentionner le mondialement connu Airbnb, le site de partage de maison ! Bien que ce ne soit pas toujours une bonne solution, si vous disposez d'une chambre d'amis, d'une maison de vacances ou de tout autre type de résidence, vous pourriez perdre des rendements importants ! Airbnb n'est pas votre seule option pour louer une chambre. Vous devrez donc peut-être chercher la plateforme qui convient le mieux à vos besoins.

15. Faites de la publicité pour la vente dans votre voiture.

Si vous conduisez fréquemment pour votre travail ou vos loisirs, vous pourriez gagner de l'argent sur votre trajet en vendant des espaces publicitaires sur les côtés de votre camionnette, voiture ou camion. Bien qu'il ne soit peut-être pas très élégant d'avoir un panneau d'affichage électronique en mouvement, vous pourriez gagner quelques centaines de dollars par mois en ajoutant des autocollants à votre voiture et en l'utilisant pour vos déplacements quotidiens. Trois sites principaux permettent d'entrer en contact avec des marques qui cherchent à acheter de l'espace publicitaire. Il s'agit de:

- Carvertise
- Wrapify
- Vugo.

16. Espace publicitaire à vendre sur votre site.

Si vous ne voulez pas vous promener avec un énorme panneau publicitaire sur le côté de votre voiture, il est possible de gagner un revenu décent et passif en vendant des annonces sur votre site. De nombreux blogs utilisent les annonces Google Ads pour mettre leur site en relation avec des annonceurs et générer un flux de revenus chaque mois. Le montant des annonces Google Ads sur votre site dépend de la quantité de trafic que vous recevez. Si votre site ne peut pas générer de revenus en vendant des annonces, vous pouvez envisager d'acheter un site existant (voir l'idée n° 4) et d'y vendre des espaces publicitaires.

17. Participer à des études de recherche sur le sommeil.

Gagner de l'argent en dormant, ça ne peut pas être plus concret que ça ! Si vous êtes en bonne santé et en forme, vous pouvez demander à faire partie de l'étude du sommeil et laisser votre sommeil travailler. Les études du sommeil peuvent rapporter des milliers de dollars aux personnes appropriées... Ce que vous devez faire, c'est examiner votre santé physique et mentale pour vous assurer que vous êtes prêt à faire le travail... Ensuite, vous pouvez aller dormir ! Attention... De nombreuses études de recherche sur le sommeil exigent que vous soyez déconnecté des médias sociaux et de vos proches afin d'être observé et étudié tout au long de l'enquête. Cependant, la récompense substantielle offerte en vaut probablement la peine.

18. Devenir un expéditeur direct.

Le Dropshipping est une excellente méthode pour s'établir comme ayant une boutique en ligne et gagner de l'argent avec peu d'efforts. Sélectionnez les produits que vous souhaitez proposer, et un fournisseur peut créer l'emballage, stocker puis expédier les articles directement aux clients. Tout ce que vous avez à gérer est la vitrine de vente au détail et le marketing.

19. Concevoir des t-shirts.

Certains sites web peuvent transformer vos dessins en T-shirts ou autres articles tendance. Le modèle économique est le suivant : tout ce que vous avez à faire est de créer les plans de la marchandise, et la société s'occupe de tout le reste, vous permettant de recevoir une partie des recettes chaque fois que vos dessins se vendent ! Vous pouvez également gagner de l'argent grâce à vos talents de créateur via Amazon... Grâce à Amazon Merch, vous n'avez qu'à télécharger votre dessin, et Amazon se charge de créer le produit à vendre, de l'emballer, de le commercialiser et de l'expédier. Vous pouvez vous détendre et récolter les fruits de votre travail.

20. Utilisez les sites de cashback ou les cartes de récompense.

Si vous n'utilisez toujours pas les sites Web de cashback, les cartes de cashback et les programmes de cashback, alors que devez-vous faire ? De nombreuses sociétés de cartes de crédit proposent un système de cashback dans lequel vous gagnez une récompense sur le coût de vos achats quotidiens en échange de l'utilisation de la carte. Vous pouvez également vous inscrire sur des sites de cashback comme TopCashBack. Il vous suffit d'effectuer vos achats réguliers sur le site pour avoir droit à un cashback. Certes, cela ne vous apportera pas la richesse, mais c'est une excellente méthode pour réduire vos dépenses et gagner de l'argent sur des achats que vous auriez de toute façon effectués.

21. Essayez le prêt de pair à pair.

Le prêt de pair à pair vous permet de prêter de l'argent à des personnes qui ne sont pas forcément éligibles pour des prêts traditionnels. Comme les banques, vous pouvez percevoir des intérêts sur les fonds que vous avez empruntés jusqu'à ce qu'ils soient remboursés à temps. Comme tout investissement, il faut considérer la possibilité des prêts P2P. Il est risqué car vous ne pouvez pas garantir à l'emprunteur qu'il vous remboursera. C'est pourquoi vous devez vous assurer que vous ne faites des prêts que par le biais de sites de prêts P2P autorisés et professionnels. Ne faites jamais un prêt qui dépasse ce que vous pouvez vous permettre de perdre.

22. Créer une entreprise de distributeurs automatiques.

Cette idée de revenu passif peut sembler étrange au départ, mais écoutez-nous ! Le commerce des distributeurs automatiques est une opportunité commerciale à petite échelle très rentable et nécessitant peu d'entretien, dans laquelle presque tout le monde peut s'impliquer. Il suffit d'acheter quelques distributeurs automatiques, et de les louer à des entreprises locales. Ensuite, toutes les quelques semaines, faites le tour pour réapprovisionner le stock et retirer l'argent. Vous pouvez même employer quelqu'un pour s'occuper du réapprovisionnement et de l'encaissement à votre place. C'est beaucoup plus simple que cela!

23. Créer une chaîne YouTube ou un podcast.

Que ferions-nous si nous ne mentionnions pas YouTube comme moyen possible de gagner des revenus passifs ? Il faut parfois du temps pour développer un grand nombre de spectateurs afin de gagner de l'argent avec la chaîne YouTube. Vous pouvez gagner des revenus substantiels grâce à la publicité et aux partenariats de marketing d'affiliation. Le montant que vous gagnez sur YouTube peut varier en fonction du nombre d'abonnés et du taux d'engagement, du nombre moyen de spectateurs, etc. Les YouTubers gagneront entre 0,01 et 0,03 dollar par vue en termes de publicités. Beaucoup de YouTubers gagnent également de l'argent grâce aux dons via Patron. Si YouTube n'est pas pour vous, vous pouvez gagner de l'argent avec le podcast en proposant des niveaux d'adhésion payants, en vendant des parrainages ou en rejoignant un réseau publicitaire vendant des épisodes avec un contenu premium.

24. Louer une propriété.

Les immeubles locatifs sont les premières sources de revenus passifs et restent aujourd'hui encore un actif de valeur. Pour que votre propriété locative soit véritablement passive, vous pouvez déléguer les opérations et l'entretien quotidiens à une société de gestion... Il ne vous reste donc plus qu'à contracter votre prêt hypothécaire et à profiter des rentrées d'argent ! Vous pouvez également acheter des maisons clés en main qui vous permettent d'éviter les étapes de recherche de locataires et de rénovation que la majorité des propriétaires doivent accomplir avant de recevoir des loyers de leurs propriétés. Les propriétés clés en main vous permettent d'acheter une propriété avec des locataires qui y vivent déjà. Vous n'avez donc qu'à vous assurer que l'immeuble est en bon état pour satisfaire les locataires. Vous pouvez également faire appel à une société de gestion pour s'occuper de cette.

25. Refinancez votre prêt hypothécaire.

Ce n'est peut-être pas un moyen efficace de gagner de l'argent. Cependant, cela pourrait vous aider à économiser des milliers de dollars si vous payez plus que le montant de votre hypothèque. Le refinancement permet aux propriétaires de bénéficier de taux d'intérêt plus bas sur leur hypothèque. Il se traduit généralement par un versement hypothécaire mensuel plus faible. Si vous n'avez pas d'hypothèque, vous pourriez vouloir refinancer d'autres prêts pour vous assurer que vous ne dépensez pas l'argent que vous avez gagné (ou un revenu non productif), en payant plus que le coût d'emprunt.

26. Sauvegarder les biens d'autrui.

Vous avez une chambre libre dans votre garage ou dans une pièce que vous ne voulez laisser à personne ? Vous pouvez gagner de l'argent en laissant d'autres personnes utiliser votre espace pour stocker leurs affaires. Selon le site neighbor.com, il est possible de gagner entre 100 et 600 dollars en louant votre garage vide. Si ce concept vous intéresse mais que vous préférez ne pas être l'hôte des affaires des autres dans votre maison, investir dans des unités de stockage ou louer est un autre excellent moyen de gagner de l'argent qui demande peu d'efforts. Le seul moment où vous aurez à travailler en tant que gestionnaire de stockage est lorsque vous devrez ouvrir une unité de stockage.

27. Gagner de l'argent pour télécharger des applications sur votre smartphone.

Vous avez bien lu... En effet, vous pourriez être payé pour télécharger des applications sur votre smartphone ! Des applications telles que Nielsen Digital et Mobile Digital cherchent à comprendre comment les utilisateurs utilisent leurs appareils mobiles et font payer quiconque permet que ses utilisateurs soient surveillés. Vous devez télécharger l'application et utiliser votre téléphone comme vous le faites habituellement. L'application suivra votre utilisation et enverra des rapports pour étudier les habitudes d'utilisation, puis vous serez rémunéré ! Si vous n'êtes pas intéressé par une application qui permet de suivre votre utilisation, vous pouvez également télécharger une application pour économiser de l'argent afin de suivre vos habitudes de dépense et vous aider à prendre des décisions judicieuses. Ces applications ne sont pas forcément rentables, mais les économies réalisées peuvent s'accumuler rapidement et vous donner le sentiment d'avoir fait des bénéfices!

Placez vos revenus provenant de sources passives dans.

Si vous avez découvert l'opportunité idéale de revenu passif compatible avec vos besoins, votre style de vie et vos intérêts, il est essentiel de ne pas laisser votre argent dormir. Vous devez vous assurer que chaque centime fait la différence en plaçant les gains dans une banque rémunératrice et en les laissant travailler pour vous, indépendamment de ce que vous faites. Il est également avantageux de réinvestir l'argent que vous gagnez passivement dans l'entreprise. Par exemple, vous pouvez acheter des distributeurs automatiques supplémentaires ou une unité de stockage pour augmenter vos options de revenu passif et accroître votre investissement en capital. Quelle que soit la méthode que vous décidez d'adopter pour gagner plus d'argent, assurez-vous qu'elle correspond à votre style de vie et n'ayez pas peur d'expérimenter diverses possibilités. Il n'y a pas de limite à la quantité de revenus qu'une personne peut obtenir, alors mélangez les choses et récoltez les récompenses. En quelques minutes, vous pourrez boire des mimosas à la plage.

Chapitre no.4

Investissements à revenus passifs.

En termes de finances, le revenu passif décrit l'argent qu'un investissement unique génère continuellement, sans que l'investisseur ait besoin de suivre ou de modifier son portefeuille. Cette stratégie passive d'investissement mérite un examenEn termes de finances, les revenus passifs décrivent l'argent qu'un investissement unique génère en permanence, sans que l'investisseur ait besoin de suivre ou de modifier son portefeuille. Cette stratégie passive d'investissement mérite d'être examinée.

1. **Biens immobiliers.**

Malgré les fluctuations de ces derniers temps, l'immobilier reste l'option préférée des investisseurs qui souhaitent réaliser des bénéfices à long terme. Principalement, les immeubles locatifs fournissent aux propriétaires des sources de revenus réguliers. Les investisseurs peuvent acheter la propriété avec une mise de fonds de 20 %, puis placer des locataires solides qui maintiennent le flux monétaire. Les personnes qui ne veulent pas s'embêter à gérer des locations peuvent plutôt envisager les FPI (fonds de placement immobilier). Les FPI distribuent 90 % des revenus déductibles des impôts sous forme de dividendes aux investisseurs. 1 En revanche, les pourboires sont considérés comme un revenu ordinaire, ce qui peut être difficile pour les investisseurs qui se situent dans des niveaux plus favorables sur le plan fiscal. Le crowdfunding immobilier permet de trouver un terrain d'entente. Les investisseurs peuvent choisir entre l'option de la dette ou de l'investissement en actions dans des propriétés résidentielles et commerciales. Contrairement aux FPI et au crowdfunding, qui sont une forme de financement participatif, le crowdfunding permet aux investisseurs de profiter des avantages fiscaux de la propriété directe, y compris ceux de la déduction de l'amortissement, mais sans les contraintes liées à la possession d'un bien immobilier.

2. **Le prêt de pair à pair.**

S'il est vrai que le secteur du prêt entre pairs (P2P) (alias crowdfunding) n'a que 10 ans et a connu une croissance exponentielle, il se définit comme l'acte de prêter de l'argent à une personne ou à une entité commerciale dans lequel les prêteurs et les clients sont mis en relation par le biais de plateformes en ligne comme Prosper ou LendingClub. Les rendements peuvent se situer entre 7 % et 12 %, et l'investisseur n'a pas grand-chose à faire après avoir financé le prêt. Les programmes liés au P2P comportent généralement moins d'obstacles à l'entrée que certains autres types d'investissements. Par exemple, les investisseurs peuvent faire des prêts en utilisant des actifs d'à peine 25 dollars. En outre, le titre III de la loi Jumpstart Our Business Startups (JOBS) permet aux investisseurs, qu'ils soient accrédités ou non, d'investir via le crowdfunding ; chaque plateforme a ses propres règles de participation.

3. **Actions à dividendes.**

Les actions à dividendes sont parmi les moyens les plus simples pour les investisseurs de gagner un revenu passif. Lorsque les sociétés publiques réalisent des bénéfices, un pourcentage de ces bénéfices est prélevé et reversé aux investisseurs sous forme de dividendes. Les investisseurs peuvent choisir de conserver l'argent ou d'investir les conseils dans d'autres actions. Les rendements des dividendes diffèrent considérablement d'une société à l'autre et varient selon les années. Les investisseurs qui ne sont pas sûrs des meilleures actions versant des dividendes devraient choisir celles qui répondent à la désignation "dividende-aristocratique", ce qui signifie que la société a au minimum une moyenne de 25 ans de versement de dividendes importants.

4. Les fonds indiciels.

Les fonds indiciels peuvent être décrits comme des fonds négociés en bourse, des fonds communs de placement et autres liés à un indice de marché spécifique. Ils visent à reproduire la performance de l'indice. L'indice qu'ils suivent est contrôlé de manière passive. Ainsi, leur titre ne change pas tant que la composition de l'indice ne change pas. Ils entraînent des coûts de gestion et des taux de rotation plus faibles, ce qui les rend plus avantageux sur le plan fiscal que d'autres investissements.

La ligne de fond.

Les investissements à revenus passifs peuvent simplifier considérablement la vie d'un investisseur. Les quatre options énumérées ci-dessus offrent des montants différents en termes de diversification et de risque. Comme pour tous les investissements, il est essentiel de considérer les rendements attendus des possibilités de revenus passifs par rapport à la perte potentielle.

Chapitre no.5

Créer des revenus passifs sans argent.

Le revenu passif semble être considéré comme le Saint Graal des finances personnelles. Qu'y a-t-il de plus gratifiant que de gagner de l'argent sans avoir à échanger son temps contre des dollars ? Il y a deux façons principales de gagner un revenu passif - soit vous mettez de l'argent pour que cela se produise, soit vous consacrez du temps et des efforts pour le créer. Mais existe-t-il une alternative ? En quelque sorte. J'ai déjà écrit sur les revenus passifs (vous trouverez plus de 20 idées de revenus passifs ci-dessous). Mais aujourd'hui, j'aimerais aborder une autre question que l'on me pose fréquemment : comment générer un revenu passif même avec un revenu nul?

Revenus passifs sans argent?

Les revenus passifs permettent de gagner de l'argent de deux manières. La seconde consiste à laisser votre argent travailler pour vous. Cela peut se faire en investissant dans l'immobilier, les actions ou les entreprises. Je suis très enthousiaste à l'idée d'investir dans l'immobilier en ce moment, et vous pouvez commencer avec une toute petite somme d'argent. Il est possible d'investir dans l'immobilier avec seulement 5 000 dollars sur des plateformes telles que RealtyMogul. L'autre moyen d'obtenir des revenus passifs est d'y consacrer du temps. Par exemple, vous pouvez créer une activité secondaire. Bien qu'il soit certainement possible de gagner des revenus passifs même avec peu ou pas d'investissement, ce n'est certainement pas simple. Cela demande une énorme quantité de travail initial et aucune garantie. Si vous souhaitez tenter l'expérience, voici comment gagner des revenus passifs sans rien dépenser.

Créer un produit d'information.

Vous pouvez créer un produit informatif et le commercialiser en ligne. Il peut s'agir d'un cours, d'un livre ou même d'un eBook.

Voici quelques exemples :

Rosemarie's Groner of Busy Budgeter a gagné plus de 58k$ en janvier en vendant deux brefs guides d'information ainsi qu'un livre de finances personnelles. (Notez qu'elle a dépensé une énorme somme d'argent pour des publicités sur Facebook pour arriver à ce niveau, mais ce n'est pas nécessaire pour ceux qui commencent juste leur voyage). Le produit d'information que vous produisez peut porter sur n'importe quel sujet. Si vous cherchez des idées, allez sur Amazon et regardez certains des livres les plus vendus et voyez si certains d'entre eux correspondent à vos connaissances. (Même si ce n'est pas le cas, cela ne signifie pas qu'il n'y a pas un marché pour vos idées à proposer!)

Écrire un livre électronique Kindle.

Une autre façon de gagner un revenu passif sans frais est d'écrire un livre électronique et de le vendre sur Amazon via le programme KDP. KDP est Kindle Direct Publishing et est le programme d'auto-édition d'Amazon. Bien que vous deviez écrire votre livre, décider du formatage Kindle et développer une couverture attrayante, l'auto-publication via Amazon est gratuite. Si le prix de votre livre électronique Amazon se situe entre 2,99 $ et 9,99 $, vous gagnerez 70 % du prix de vente de chaque livre. Si le prix de votre livre est inférieur à 2,99 $ ou supérieur à 9,99 $, vous ne pourrez prétendre qu'à 35 % de la redevance. Si vous souhaitez voir un exemple concret, Steve Gillman, du site Penny Hoarder, explique comment l'auteur a gagné 2 000 dollars grâce à un livre électronique Kindle. Il explique le processus d'écriture ainsi que les stratégies de marketing et d'autres enseignements essentiels.

Vendre des photos de stock.

Si vous êtes un photographe indépendant ou si vous aimez simplement prendre des photos et avez un don pour cela, vous pouvez gagner un revenu passif en vendant en ligne les photos que vous avez prises. Les différents sites Web ont leurs propres directives et tarifs pour les commissions. Mais il existe plusieurs sites auxquels vous pouvez envoyer des photos. L'avantage d'acheter des photos de stock est que de nombreuses personnes peuvent acheter chaque image. Vous trouverez ici 13 façons de commercialiser vos photos de stock, ainsi que les taux de commission et bien plus encore.

Envisagez le marketing multi-niveaux.

Le marketing multi-niveau pourrait avoir un goût négatif sur la bouche des gens, et je le reconnais. En réalité, il n'y a rien de plus frustrant que d'aller sur Facebook et de voir plus d'une douzaine de personnes essayer de commercialiser un produit MLM. Je comprends. Mais, il est important de se rappeler que tout MLM n'a pas besoin d'être mené à la baguette. Si vous trouvez un produit ou un service qui vous aide et que vous le recommandez à d'autres, vous avez de bonnes chances d'obtenir un travail de MLM. Méfiez-vous des sociétés de MLM qui mettent l'accent sur le recrutement ou la sollicitation pour que vous achetiez des quantités croissantes de leurs produits. La vente à distance peut fonctionner, mais elle peut aussi échouer.

Vendez vos notes de cours.

Êtes-vous étudiant à l'université ? Si la réponse est "oui" et que vous êtes un excellent preneur de notes, vous pouvez vendre vos notes de cours pour gagner un revenu. Les meilleurs preneurs de notes ont gagné jusqu'à 2 300 $ par semestre. Pour en savoir plus, consultez ce site.

Gagner pour les choses que vous feriez déjà.

Si vous cherchez des moyens faciles de gagner de l'argent qui ne nécessitent pas autant d'engagement que les autres éléments de cette liste, vous devez penser à gagner de l'argent pour des choses que vous faites déjà. Utilisez Ebates lorsque vous faites des achats en ligne.

Utilisez une remise en espèces.

Si vous effectuez des recherches en ligne, utilisez Swagbucks pour gagner de l'argent supplémentaire. Bien que ces stratégies ne vous rapportent pas des milliers de dollars chaque mois, elles peuvent faire la différence et sont simples à suivre. Il n'est pas surprenant que les revenus passifs soient fantastiques, mais que faire pour commencer à les gagner ? Apprendre à gagner des revenus passifs en tant que personnes créatives est une excellente approche pour envisager et devenir riche. C'est aussi une méthode fantastique pour se protéger du stress financier. Le revenu passif exige que vous travailliez au départ et que vous gagniez un revenu au fil du temps. Imaginez cela comme la préparation d'un repas. Vous préparez tout à l'avance avant d'avoir faim ; vous êtes prêt à manger. Cependant, si gagner un revenu passif était facile à faire, tout le monde le ferait. Il est essentiel de comprendre que le fait de gagner un salaire actif aura un impact significatif. Les avantages du revenu passif peuvent être positifs au départ, mais ils deviendront importants au fil du temps. À cet égard, examinons les moyens les plus populaires de gagner des revenus passifs!

Comment gagner un revenu qui ne dépend pas de votre créativité?

Pour pouvoir gagner un revenu à partir de sources passives en tant que personne créative, il faut sortir des sentiers battus. Il est essentiel de réfléchir aux moyens de transformer votre travail actuel en quelque chose de durable et de recherché dans un avenir proche. Commencez par identifier le type de travail créatif que vous réalisez et la manière dont il peut bénéficier aux autres. Voici quelques idées pour tirer un revenu de votre créativité.

Liens d'affiliation.

Les liens d'affiliation sont des hyperliens qui redirigent l'utilisateur vers une page Web où il peut acheter quelque chose lorsqu'il clique dessus. Les liens d'affiliation sont une excellente option pour gagner un revenu passif car ils créent des clics tant qu'ils sont populaires et que le programme reste accessible. L'un des exemples les plus convaincants est celui d'Amazon, qui verse un petit montant sur chaque article acheté lorsqu'on clique sur votre lien. De nombreux liens d'affiliation sont des "cookies", ce qui signifie qu'après avoir cliqué une fois sur le lien, qu'ils achètent ou non maintenant, vous recevrez un revenu s'ils achètent ultérieurement. Les liens d'affiliation peuvent être publiés sur un blog, dans des tweets, des vidéos, ou n'importe où pour intégrer un lien d'affiliation ! Ils sont souvent le pilier de tout plan de revenu passif.

Contenu de YouTube.

YouTube est une excellente option pour gagner un revenu passif. Si l'effort initial est beaucoup plus important, les bénéfices au fil du temps peuvent être énormes. La principale source de revenu passif est constituée par les parts de publicité. Chaque fois qu'une publicité est vue sur vos canaux, vous gagnez une partie des bénéfices. Il est nécessaire d'accomplir quelques tâches. En premier lieu, vous devez être éligible à leur programme de monétisation. Cela nécessite 1000 utilisateurs de chaînes et 4000 minutes de visionnage en 12 mois. Dans la recherche de la monétisation, le contenu que vous créez est crucial Créez un contenu qui est toujours pertinent et précieux dans le présent et dans les décennies à venir. Il peut s'agir de conseils, de tutoriels ou d'autres contenus éducatifs qui intéresseront toujours les utilisateurs. Même si vous constaterez une diminution des rendements au fil du temps, vous continuerez probablement à gagner des revenus passifs sous peu.

Créer un blog ou un site web.

Comme pour YouTube, la création d'un blog ou d'un autre site qui utilise du contenu est un excellent outil pour gagner un revenu passif grâce à votre créativité. Un blog ou un site Web pourrait servir de plaque tournante pour toutes vos stratégies de revenus passifs. Votre blog pourrait gagner un revenu passif grâce à Adsense dès le premier jour. Adsense permet à Google d'afficher des annonces avec le contenu de votre blog. Le montant que vous gagnez dépend de la quantité de trafic que vous générez. Cependant, vous pouvez gagner de l'argent dès le début. Pour attirer les visiteurs, vous devez écrire beaucoup de contenu de haute qualité et à jour. Une fois que vous avez commencé à créer du contenu, il est essentiel de continuer à le faire régulièrement dans un avenir prévisible. Les résultats de recherche de Google bénéficient des sites Web dont le contenu est régulièrement renouvelé. Cependant, cet effort supplémentaire pourrait être un énorme avantage pour vos autres stratégies de revenus passifs. Comme nous l'avons dit, le blog que vous avez sur votre site peut contenir des hyperliens d'affiliation, intégrer des vidéos YouTube, vendre des marchandises, et bien d'autres choses encore ! C'est l'un des éléments essentiels du succès de votre stratégie de revenus.

Vendez vos produits.

La vente de marchandises, telles que des imprimés, des vêtements et d'autres articles de valeur, peut constituer une excellente source de revenus passifs. Si vous pouvez créer des objets qui pourraient plaire aux acheteurs potentiels sans qu'ils aient conscience de votre existence, c'est encore plus attrayant ! De nos jours, il existe de nombreuses options pour fabriquer et vendre des marchandises. C'est à la fois une bénédiction et un mal. D'un côté, il est beaucoup plus facile de trouver des endroits où fabriquer des produits exclusifs. Mais, d'un autre côté, il y a beaucoup de concurrence. Les produits dérivés peuvent faire partie d'une stratégie plus efficace liée à une chaîne YouTube ou à un blog et contribuer à la création d'un flux de revenus passif. Faites les recherches nécessaires sur les différentes plateformes et options avant de décider laquelle vous convient le mieux.

Boutique Etsy.

Bien que la perception générale d'Etsy semble être principalement axée sur la vente d'articles physiques, il existe en réalité une grande quantité de biens numériques. En tant que personne créative, je peux générer un revenu passif. Les mises en œuvre les plus réussies sont les applications numériques qui simplifient la vie des gens. Il peut s'agir, par exemple, de documents, de feuilles de rapport, de diagrammes de flux et de divers autres classeurs qui sont rationalisés. En tant que créateur, pensez aux étapes que vous suivez qui suivent un flux régulier et offrez votre expérience à d'autres personnes par le biais d'un produit électronique.

Créer un programme éducatif.

L'expertise est toujours précieuse pour les personnes qui ne sont pas au même niveau que vous. Une méthode pratique pour gagner un revenu régulier consiste à commercialiser vos connaissances comme une forme d'éducation en tant que professionnel de la création. Il peut s'agir d'un cours en ligne ou d'une combinaison de vidéos et d'écrits. Les produits éducatifs n'ont pas besoin d'être élégants, du moment qu'ils sont utiles. Il existe une grande variété de plateformes. Certaines sont orientées vers un marché spécifique, tandis que d'autres proposent des programmes éducatifs généraux. Aujourd'hui, des choses que vous considérez comme relevant du bon sens peuvent être des éléments de connaissance nouveaux pour quelqu'un qui commence à travailler!

Chapitre no.6

Les meilleures applications de revenus passifs.

Bien qu'une application mobile de revenu passif pour gagner de l'argent ne soit pas une option pratique, elle pourrait faire entrer un peu d'argent supplémentaire dans votre poche, surtout si vous commencez à investir immédiatement. Les applications de revenus passifs sont des programmes à télécharger sur votre appareil mobile, qui vous permettront de gagner de l'argent supplémentaire. Elles font appel à différentes techniques qui utilisent des algorithmes et des investissements pour vous permettre de gagner un revenu passif. La plupart de ces applications permettent aux utilisateurs de configurer leurs comptes au départ, puis de les laisser en place tout en gagnant un revenu passif. Certaines applications demandent une partie de l'argent que vous gagnez pour les aider à fonctionner, et certaines proposent des abonnements "premium" qui offrent la possibilité d'un flux de revenus passifs plus élevés. Il existe de nombreuses applications à télécharger, c'est pourquoi il n'est pas difficile d'en télécharger plusieurs qui vous permettront de gagner de l'argent gratuitement. Bien que ces applications diffèrent de différentes manières, elles ont toutes le même objectif : vous faire gagner une somme d'argent supplémentaire. Cette année, passons en revue quelques-unes des applications mobiles de revenu passif les plus utiles. Gagner de l'argent en dormant ou en faisant très peu de choses est une réalité que beaucoup rêvent d'atteindre. Le revenu passif n'est pas seulement un moyen d'augmenter vos revenus de 9 à 5. Cependant, il peut vous aider à vous sentir moins stressé par vos finances, car votre revenu total disponible augmente. Les idées et les applications les plus efficaces pour le revenu passif deviennent cruciales. Vous pouvez les utiliser avec votre smartphone, et elles ne demandent qu'un effort minimal. Les applis de revenu passif pour gagner de l'argent énumérées ci-dessous sont gratuites ou peu coûteuses et valent certainement le coup. Si vous cherchez d'autres moyens de gagner de l'argent, jetez un coup d'œil à cette liste massive de conseils et de stratégies pour gagner de l'argent.

Applications pour les téléphones iOS et Android.

Ces applications qui génèrent des revenus passifs vous rémunèrent pour acheter ou investir, surfer sur Internet, donner votre avis ou utiliser votre mobile pour jouer, regarder des vidéos, payer des factures, louer vos biens et bien plus encore. Commencez par en choisir quelques-unes, puis descendez jusqu'à ce que vous trouviez celles qui correspondent à vos besoins.

Applications de remboursement.

Ces applications vous permettent de faire ce que vous faites déjà, c'est-à-dire acheter en ligne ou dans un magasin de détail local.

1. **Rakuten (anciennement connu sous le nom d'Ebates)**

Rakuten est l'application et le site de récompenses le plus important et le plus connu qui permet de gagner du cashback lorsque vous faites des achats en ligne et en magasin. Donc, si vous cherchez une application qui peut vous payer en espèces en temps réel, elle est parmi les meilleures. L'application propose plus de 2 500 magasins participants qui offrent un cashback lors des achats effectués dans leurs magasins via Rakuten. Plate-forme Rakuten. Il n'est pas nécessaire de présenter un reçu original pour obtenir votre récompense. Le cashback est suivi automatiquement puis crédité sur votre compte, ce qui signifie que vous pourrez gagner de l'argent sans problème (jusqu'à 40 % de remboursement). Vous pouvez retirer rapidement de l'argent avec PayPal ou par chèque. Si vous vous inscrivez à Rakuten ici, vous pouvez prétendre à un bonus de 30 $ lors de votre première transaction d'au moins 30 $.

2. **Laissez tomber.**

Drop est une application gratuite qui rémunère les clients pour leurs achats chez leur détaillant préféré. Après avoir téléchargé l'application et connecté votre carte de débit ou de crédit, vous gagnerez des points chaque fois que vous ferez des achats dans n'importe quel magasin participant. Achetez une grande variété de cartes-cadeaux comme Amazon, Target et UberEats. La baisse vous offre également 5 $ pour chaque ami que vous recommandez... jusqu'à 50 $.

3. Sweatcoin.

C'est fascinant de découvrir que l'on peut gagner de l'argent en faisant de l'exercice. Avec Sweatcoin, vous êtes rémunéré pour marcher à l'intérieur comme à l'extérieur. L'application vous récompense, et vous pouvez échanger vos points pour acheter divers articles et gadgets comme des vêtements de sport, des iPhones, des montres, des chaussures et de l'argent PayPal. L'application Sweatcoin a reçu des milliers de critiques positives sur l'App Store et le Google Play Store.

4. Ibotta.

Vous voulez gagner de l'argent en faisant vos courses alimentaires ? L'application Ibotta peut vous aider à vous lancer. Ibotta vous donne de l'argent liquide pour vos achats en magasin ou en ligne dans plus de 1 000 magasins de détail. À l'heure actuelle, Ibotta a versé à ses utilisateurs plus de 680 millions de dollars en espèces gratuites. Pour gagner de l'argent avec Ibotta, inscrivez-vous ici et commencez vos achats en utilisant l'application avant de vous rendre en magasin. Il est possible de télécharger l'application Ibotta accessible dans le Google Play Store, l'App Store le Google Play Store.

Applications d'études de marché.

Les meilleures applications pour les études de marché vous paieront pour partager vos pensées et opinions et effectuer d'autres tâches essentielles. Comme elles nécessitent un certain effort, on pourrait les décrire plus efficacement comme des méthodes passives pour gagner de l'argent.

5. InboxDollars.

InboxDollars est similaire à Swagbucks. L'application InboxDollars propose diverses façons de gagner de l'argent, notamment en jouant à des jeux en ligne, en faisant des achats en ligne, en répondant à des enquêtes et même en lisant des e-mails. Une fois inscrit, vous recevrez des notifications lorsque vous participerez à différentes tâches en ligne et gagnerez de l'argent. Le site a donné à ses membres plus de 60 millions de dollars, et vous pouvez retirer de l'argent en utilisant PayPal une fois que votre compte a atteint 30 ou plus. Les nouveaux membres peuvent également bénéficier d'un bonus de 5.

6. Junkie des sondages.

Survey Junkie compte plus de 10 millions d'utilisateurs et propose des enquêtes rémunérées à tous ceux qui cherchent à gagner de l'argent. Les détaillants et les marques utilisent des panels d'études de marché tels que Survey Junkie pour entrer en contact avec leurs clients, savoir ce qu'ils pensent et même les payer pour partager leurs opinions. Vous pouvez rapidement encaisser vos gains par virement bancaire PayPal Direct et par carte-cadeau (Amazon, Target, iTunes, etc).

7. **Swagbucks.**

Swagbucks est le site Web payant le plus connu que vous rencontrerez. Ils sont reconnus par le BBB et détiennent un score A+. En tant que membres, vous gagnez de l'argent en répondant à des questions, en regardant des vidéos, en naviguant sur Internet, en jouant à des jeux et en faisant des achats en ligne. Ils ont versé à leurs membres plus de 675 millions de dollars et distribué plus de 7000 cartes cadeaux chaque jour. Vous pouvez retirer de l'argent de vos gains Swagbucks en utilisant PayPal ou utiliser vos points en échange de milliers de cartes-cadeaux parmi les plus populaires.

Applications de collecte de données.

Ils sont aussi simples que possible. Il suffit de les télécharger sur votre tablette, votre téléphone ou votre ordinateur portable, et vous serez payé. Il est possible de gagner plusieurs centaines de dollars en utilisant ces applications sur différents appareils chaque année.

8. **Panel Nielsen sur les ordinateurs et les mobiles.**

La société d'études de marché de renommée mondiale Nielsen gère l'application du panel mobile et PC Nielsen. Si vous vous inscrivez et téléchargez l'application sur votre appareil ou téléphone, elle suit votre utilisation de l'internet et vous récompense en conséquence. Les utilisateurs peuvent gagner jusqu'à 50 dollars par an, et si vous exécutez le logiciel sur 3 appareils (téléphone tablette, téléphone et ordinateur), cela représente facilement 150 dollars. En outre, vous bénéficiez d'une inscription automatique à des sweepstakes, où vous pourriez gagner jusqu'à 1 000 $ chaque mois. Il est essentiel de noter que Nielsen Computer and Mobile n'est disponible qu'aux États-Unis.

9. **MobileXpression.**

Mobliexpression est une application qui collecte des informations de navigation pour réaliser des études de marché. L'inscription est gratuite. De plus, vous recevrez gratuitement une carte cadeau Amazon de 5$ après une semaine d'utilisation de l'application. Si vous décidez de continuer à utiliser l'application après les 7 premiers jours, vous continuerez à gagner des crédits supplémentaires, que vous pourrez échanger contre d'autres cartes-cadeaux. Vous pouvez également télécharger l'application MobileXpression sur votre tablette.

10. **SavvyConnect.**

SavvyConnect est une application différente pour la collecte de données qui étudie les habitudes d'emprunt des consommateurs afin d'identifier les tendances en matière de divertissement en ligne, d'achats sur Internet, et bien plus encore. L'application est gratuite et disponible pour les iPhones ainsi que pour les téléphones Android. Gagnez 5 $ pour chaque mois d'utilisation de l'application ou 60 $ par an. En outre, offrez une récompense pour les recommandations à des amis. Vous pouvez rapidement encaisser vos gains à partir de 1.

Applications d'investissement.

Placer son argent dans un portefeuille d'investissement qui produit des rendements élevés est un moyen éprouvé d'accumuler de l'argent au fil du temps. Ces applications de micro-investissement sont parfaites pour mettre de l'argent de côté puis le faire fructifier rapidement.

11. Glands.

Acorns est une application d'investissement à petite échelle qui investit vos économies dans des fonds négociés en bourse (ETF) abordables. L'application crée votre portefeuille en fonction de vos objectifs d'investissement et de votre tolérance au risque, et tout est automatisé. Il n'y a pas de solde minimum pour commencer. Acorns vous permet également d'investir votre argent ; Acorns propose également un compte d'épargne, ainsi que la possibilité de gagner de l'argent en retour sur plus de 350 marques. Acorns compte plus de 4 millions de membres.

12. Chiffre.

L'application Digit automatise la manière dont vous pouvez économiser de l'argent. Si vous vous inscrivez à

Digit et que vous connectez ensuite votre compte bancaire, Digit transférera les fonds dont vous n'avez pas besoin de votre compte chèque vers un compte d'épargne qui génère des intérêts. Cela vous permet d'économiser de l'argent en vue d'un objectif financier, par exemple le versement initial pour une maison ou un fonds d'urgence, ou même pour rembourser des dettes. Vos fonds sont assurés par la FDIC jusqu'à 250 000 $. Le cryptage 256 bits sécurise votre compte.

13. Stash Invest.

Stash Invest est une autre entreprise fintech qui permet aux investisseurs d'investir même de petits montants. L'entreprise compte plus de 4 millions de clients et contrôle plus de 1,8 milliard de dollars d'actifs. Outre les options d'investissement, Stash propose également un compte bancaire de débit.

Des applications pour smartphones qui paient.

Ces applications vous récompensent pour avoir marché ou louent vos biens ou vous récompensent pour avoir marché.

14. Gestionnaire financier de Trim.

Cet outil gratuit examine vos dépenses et vous suggère automatiquement des moyens d'économiser de l'argent. Il négocie vos factures de services publics pour obtenir les tarifs les plus bas possibles, vous aide à éviter les frais bancaires et annule les abonnements dont vous n'avez pas besoin. En outre, Trim propose un compte d'épargne à fort taux d'intérêt qui vous permet de gagner jusqu'à 4 %.

15. TopCashback.

Certains qualifient le site de "site de cashback et de remises le plus généreux des États-Unis". TopCashback est un téléchargement essentiel pour gagner de l'argent passif sans trop d'efforts. TopCashback TopCashback est associé à plus de 4400 détaillants, ce qui signifie que vous gagnerez de l'argent en faisant des achats dans ces magasins. J'aime que le système de récompenses soit automatisé et qu'il ne vous demande pas de télécharger vos reçus d'achats. Il est facile d'encaisser avec le transfert d'argent PayPal Direct ou même d'échanger pour acheter la carte cadeau.

16. Turo.

Si vous possédez un véhicule garé au bout de votre allée ou de votre garage et que vous souhaitez gagner de l'argent, l'application Turo vous permettra de gagner un peu d'argent. Inscrivez-vous pour créer un compte gratuit et ajouter votre véhicule. Choisissez votre prix et votre horaire, et lorsque quelqu'un loue votre voiture, vous pouvez gagner au moins 90 % des frais de location. Turo exerce ses activités dans ses bureaux aux États-Unis et au Canada. Elle offre une assurance responsabilité civile complète, une protection contre les dommages et une assistance routière 24 heures sur 24. Vous pouvez facilement gagner 500 $ par mois en utilisant cette application.

17. Airbnb.

Cette dernière application de revenu passif vous permet de louer des pièces vides dans votre maison. Vous pouvez facilement inscrire les chambres à louer sur Airbnb, qui s'occupe du reste. Les paiements sont traités par PayPal, et vous choisissez si vous souhaitez accueillir des invités ou non.

En utilisant le smartphone dont vous disposez, vous pourriez gagner un revenu supplémentaire pendant votre temps libre en utilisant ces applications qui génèrent un revenu passif. En combinant ces applications avec d'autres activités secondaires, vous serez surpris de voir à quel point il est facile d'améliorer votre situation financière.

Chapitre no.7

Comment les revenus passifs sont-ils imposés?

Mettre en place une méthode pour gagner des revenus passifs pourrait être une méthode pour être payé tous les jours de la semaine et même en dormant. Comme son nom l'indique, le revenu passif provient d'activités passives définies par l'IRS comme des activités commerciales ou professionnelles auxquelles vous ne participez pas activement. Cela signifie que vous gagnez de l'argent tout en ne gérant pas activement les opérations quotidiennes. Comme pour les autres types de revenus, il y a des considérations fiscales à prendre en compte. Lisez la suite pour en savoir plus sur le fonctionnement des revenus passifs. Nous examinerons également les implications fiscales et les moyens de créer des flux de revenus passifs sans investir beaucoup d'argent ou de temps.

Comment fonctionne le revenu passif?

Le revenu passif est une méthode permettant de gagner de l'argent en mode pilote automatique. La plupart des opportunités exigent une dépense initiale de temps, d'argent, ou des deux. Dans la publication n° 925 de l'IRS, il existe deux types de travail passif : Les activités commerciales ou professionnelles ne sont pas des activités auxquelles vous participez activement.

Les activités liées à la location (même si vous n'y participez pas matériellement) -- à l'exception des activités nécessaires pour remplir vos obligations en tant que professionnel de l'immobilier. Les méthodes de gains passifs les plus courantes consistent à investir dans des actions à dividendes, des fonds indiciels de rendement négociés en bourse, des fonds indiciels obligataires de location ou un compte d'épargne à haut rendement. Choisissez d'investir dans une plateforme de prêt peer-to-peer (et obtenez des intérêts auto-imposés) ou dans une société d'investissement immobilier, ou même devenez un partenaire non impliqué dans une entreprise (sans être impliqué "matériellement"). Quelques options de revenu passif peuvent être étonnamment peu coûteuses et sont accessibles à la plupart des personnes ayant un revenu. Ces stratégies peuvent vous aider à accumuler des économies en vue de la retraite ; toutefois, il est peu probable que leurs bénéfices diffèrent de vos revenus à court terme. La réalité est que gagner le revenu passif dont vous avez besoin pour quitter votre emploi et gagner votre vie est un investissement important qui n'est pas accessible à la plupart des gens.

Les revenus passifs sont-ils imposables?

Les revenus tirés d'un travail à temps plein générant des revenus du secteur passif sont déductibles des impôts.

Supposons que vous décidiez de vendre votre participation dans une activité générant des revenus passifs ou de vendre une maison qui génère des revenus passifs. Dans ce cas, vous serez également responsable de l'imposition de tout paiement gagné. Toutefois, le montant que vous devrez payer à l'IRS dépendra de nombreux aspects, tels que le type de source de revenu que vous gagnez passivement et le temps investi dans l'activité. Les revenus des biens locatifs sont imposés différemment des revenus des activités commerciales ou professionnelles. Il existe plusieurs sources de revenus passifs, et vous pouvez consulter un fiscaliste pour en savoir plus sur les implications fiscales de votre situation particulière. C'est aussi une excellente idée de parler avec un comptable avant de commencer à chercher des sources de revenus passifs, afin de vous assurer que vous connaissez parfaitement les implications fiscales et que vous êtes prêt lorsque la période des impôts arrive. Il vous fournira également des informations sur la tenue des registres et les documents à fournir lors de la déclaration d'impôts.

Si vous cherchez à commencer à gagner rapidement des revenus passifs sans investir beaucoup d'argent ou de temps, envisagez ces possibilités : Créez votre compte d'investissement. Il peut être investi dans des obligations, des actions, ou les deux pour gagner un revenu passif. Avant de décider de considérer ce flux de revenu passif, assurez-vous d'avoir un plan pour l'épargne d'urgence, les fonds de retraite et les dettes à faible coût. Si vous êtes prêt à commencer votre voyage d'investissement, utilisez un robot-conseiller en investissement, un courtier en ligne ou consultez un conseiller financier pour établir votre compte d'investissement. Sachez que les options d'investissement ne garantissent pas les rendements que vous obtenez, il est donc préférable de n'investir que le montant que vous pouvez vous permettre de perdre. Un investissement mal choisi ou mal évalué peut rapidement ruiner l'investissement initial. Vendez des objets dont vous ne voulez pas en ligne. Pensez à mettre en vente les objets que vous n'aimez pas ou dont vous n'avez pas besoin sur des places de marché en ligne. Certains vous feront payer une somme minime pour la mise en vente, tandis que d'autres vous permettront de le faire gratuitement. Il n'est pas nécessaire de faire de la publicité pour vos articles puisque les acheteurs les chercheront autour d'eux. Laissez la place de parking ou même une voiture de rechange. Les places de stationnement sont-elles très demandées dans la région où vous résidez ? Pensez à louer le parking ou même votre allée. L'idée de louer votre voiture lorsqu'elle n'est pas utilisée en utilisant une application mobile comme Turo et Getaround peut vous rapporter plusieurs centaines de livres par mois. Elles peuvent rendre la location plus simple en vous mettant en relation avec des loueurs potentiels. Avant de profiter de cette opportunité, consultez d'abord votre assureur pour vous assurer que vous ne serez pas pénalisé, ou pire, que vous perdrez votre protection.

Téléchargez des coupons ou des applications de cashback. Des sites Web tels que Coupons.com et RetailMeNot vous aideront à trouver des coupons qui vous permettront d'économiser de l'argent sur des articles ménagers et d'épicerie ainsi que sur des produits d'épicerie. Vous pouvez gagner du cashback en utilisant la carte de crédit que vous utilisez. Vous pouvez gagner de l'argent lorsque vous effectuez des achats quotidiens en utilisant des cartes de crédit à crédits de remise en argent. Si vous n'avez pas de carte de crédit à récompenses avec cash-back, essayez le Experian CreditMatch(TM) pour trouver les possibilités auxquelles vous pourriez avoir droit. Il est également possible d'obtenir une carte de crédit de récompense pour les voyages qui accorde des points que vous pouvez échanger contre des vols et des séjours à l'hôtel. Louez une chambre d'amis dans votre maison. Vous avez un espace chez vous que vous n'utilisez pas fréquemment ? Créez un profil sur Airbnb ou un autre site similaire pour le mettre en location et faciliter le paiement. Vous pourriez également employer un service de nettoyage pour ranger l'espace entre les périodes de location, mais cela pourrait réduire vos bénéfices. Rejoignez les rangs des spécialistes du marketing affilié. Si vous possédez une plateforme en ligne avec un public important, envisagez les possibilités de publicité pour les spécialistes du marketing affilié. Vous devrez passer une heure ou deux à déterminer comment commercialiser votre article ou le service, mais vous n'aurez pas besoin d'investir pour commencer à gagner de l'argent. Sachez que la législation américaine exige que vous indiquiez clairement aux lecteurs que vous gagnez de l'argent lorsqu'ils achètent quelque chose en utilisant des liens d'affiliation.

Commencez à gagner des revenus passifs.

Vous pouvez gagner un revenu passif pour compléter ou remplacer le revenu de votre emploi. Si vous ne savez pas encore par où commencer, envisagez quelques stratégies peu coûteuses et faciles à mettre en place pour commencer votre parcours. Une fois que vous aurez acquis un peu d'expérience, vous pourrez créer plusieurs sources de revenus pour maximiser votre potentiel et accroître votre stabilité financière.

Conclusion:

Les revenus passifs proviennent généralement d'un actif productif de revenus dans lequel l'investisseur n'est pas impliqué. Le plus souvent, le support a été acquis avec des fonds provenant de sources de revenus actives telles que des salaires, des traitements ou d'autres chefs de rémunération. En outre, ils n'ont pas besoin de travailler pendant des heures pour gagner un revenu passif ; les investisseurs n'auront pas à payer d'impôts de sécurité sociale ou de Medicare sur leur revenu passif. Ils peuvent réduire leur charge fiscale en profitant de diverses déductions fiscales. Examinons les multiples exemples de revenus passifs. Les revenus d'intérêts sont obtenus de diverses manières, par exemple en plaçant son épargne sur un compte ou un certificat de dépôt ou en détenant une obligation. Le problème est que le taux d'intérêt payé par la plupart des investissements est inférieur au taux d'inflation. Cela signifie que les investisseurs peuvent perdre du capital lorsqu'ils investissent dans un actif qui rapporte un intérêt passif

Les dividendes des actions négociées sur le marché public peuvent également constituer une source de revenu passif. Les sociétés de premier ordre les plus connues qui versent des dividendes sont Apple, Nike et Mastercard. Comme pour les revenus d'intérêts, les dividendes versés par les sociétés peuvent généralement être nettement inférieurs. Dans ce cas, les dividendes versés par les sociétés sont souvent ordinaires. Les revenus d'une société en commandite gagnés en étant un associé non impliqué dans une société et l'investissement immobilier pourraient être une meilleure méthode pour gagner un revenu passif, avec des rendements potentiels plus élevés provenant de revenus récurrents et d'un certain pourcentage des bénéfices si et quand la société est vendue. Naturellement, les rendements plus élevés s'accompagnent généralement d'un risque plus élevé. Les investisseurs qui placent leur argent dans une SARL en tant qu'associés passifs et silencieux risquent de perdre la totalité du montant investi. Les revenus locatifs générés par l'immobilier peuvent souvent offrir des rendements attrayants, ajustés au risque, en fournissant un revenu net passif et régulier et des gains potentiels provenant de l'appréciation de la valeur de la propriété lorsque celle-ci est vendue. Selon la Réserve fédérale, le coût médian des maisons vendues aux États-Unis a augmenté de plus de 67 % depuis la dernière récession de 2007 à 2009. Les loyers des maisons unifamiliales augmentent également.

Selon le plus récent rapport de recherche sur les tendances d'investissement en matière de location de maisons unifamiliales d'Arbor Realty Trust, le taux de croissance des loyers des maisons unifamiliales vacantes a bondi de 8,3 % en janvier, le mois le plus récent pour lequel des données sont disponibles. Toutefois, le marché de l'immobilier connaît généralement des cycles de hausse et de baisse. Par exemple, les prix des maisons ont baissé en 2007-2009 après le point haut du marché avant le début de la récession. À l'époque, de nombreux propriétaires ont perdu leur maison en raison des saisies effectuées par les prêteurs et les investisseurs immobiliers qui ont acheté des ventes à découvert et des propriétés en vente libre auprès des banques. Les revenus passifs sont plus lucratifs que les revenus actifs pour tous les investisseurs immobiliers. Il existe de nombreux avantages fiscaux lorsque vous gagnez un revenu passif en investissant dans l'immobilier. De nombreux investisseurs travaillent à temps plein pour obtenir un revenu actif et font ensuite des économies pour investir dans des biens locatifs afin de générer un revenu passif. Le revenu passif peut offrir aux investisseurs la possibilité de bénéficier d'avantages fiscaux favorables et de réduire la charge fiscale.

Série : La richesse 2022

1. L'entrepreneuriat en ligne.
2. Créer sa propre entreprise
3. Gestion du patrimoine
4. Les revenus passifs.